So funktioniert die Börse

Christoph A. Scherbaum

Inhalt

Die Börse – was ist das eigentlich?   **5**
- Welche Aufgabe hat die Börse?   6
- Ein wenig Geschichte   9
- Die wichtigsten Börsenplätze   15
- Die bedeutendsten Aktienindizes   19

Die Akteure der Börse   **29**
- Börsennotierte Unternehmen   30
- Aktionäre   33
- Banken   35
- Fondsgesellschaften   39
- Ratingagenturen   41

Politik und Konjunktur: Was die Börse beeinflusst   **45**
- Der Arbeitsmarkt   46
- Die Außenhandelsdaten   49
- Der Immobilienmarkt   52
- Der Renten- bzw. Anleihenmarkt   54
- Die Zentral- und Notenbanken   55
- Die Wirtschaftsinstitute   59

Die Börsenkurse   **65**
- Bid und Ask   66
- Market Makers und Designated Sponsors   67
- Orderarten   71
- Das Orderbuch und die Ausführung   72

Die Anlageformen   **77**
- Aktien   78
- Anleihen   81
- Fonds und ETFs   84
- Derivate   90

Ihr Einstieg in die Welt der Börse   **95**
- Das Depotkonto   96
- Ihre persönliche Anlagestrategie   98
- Ihr Börsen-Handwerkszeug   108
- Information ist (fast) alles   118

- Stichwortverzeichnis   125

Vorwort

Seit über zehn Jahren bin ich nun mit Leib und Seele Börsen- und Finanzjournalist. Es ist eine spannende Arbeit. Denn sehr oft sind es menschliche Emotionen wie Euphorie und Furcht, die an den Börsen die Kurse bestimmen.

Wer dies weiß und sich von solchen Emotionen nicht beirren lässt, kann mit einem persönlichen Engagement an der Börse langfristig seine Investmentziele erreichen. Denn auf lange Sicht sind die Börsenkurse immer gestiegen. Kurz- und auch mittelfristig kommt es zwar immer wieder zu mehr oder weniger starken Kursrückschlägen. Doch wer sich und seinen Engagements die nötige Zeit lässt und seine einmal gewählte Anlagestrategie konsequent umsetzt, wird zum Erfolg kommen.

Welche persönlichen Entscheidungen am Anfang Ihres Börsen-Engagements stehen sollten und mit welchen Anlageformen Sie Ihre Ziele dann erreichen können, zeige ich Ihnen in diesem TaschenGuide auf. In den ersten Kapiteln erfahren Sie alles Wichtige über die Börse, ihre Akteure und die Faktoren, die die Kurse auf dem Parkett beeinflussen. Anschließend betrachten wir die verschiedenen Anlageformen. So gerüstet können Sie voller Zuversicht Ihren ganz persönlichen „Gang an die Börse" unternehmen!

Christoph A. Scherbaum

Die Börse – was ist das eigentlich?

Eine Börse ist nichts anderes als ein Marktplatz für bestimmte Güter, die dort je nach Angebot und Nachfrage mit unterschiedlichen Werten gehandelt werden.

In diesem Kapitel erfahren Sie,

- wie eine Börse überhaupt funktioniert,
- wie es zur Entstehung von (Wertpapier-)Börsen kam,
- wie sich die internationale Börsenlandschaft entwickelte,
- welche der weltweiten Aktienindizes für die internationalen Finanzmärkte am wichtigsten sind.

Welche Aufgabe hat die Börse?

Sehr viele Menschen halten Aktien von Unternehmen. So besitzen knapp 20 % aller Deutschen Aktien oder Aktienfonds. Diese Anleger informieren sich – oft täglich – im Finanzteil ihrer Tageszeitung, in speziellen Wirtschafts- und Finanzpublikationen oder im Fernsehen über die aktuellen Kurse. Welche Aufgaben Börsen haben, wissen sie aber vielleicht gar nicht oder können es zumindest nur sehr schwer erklären, obwohl Börsen zum heutigen Alltag doch eigentlich dazugehören.

Die Börse als Markt für Handelsgeschäfte

Jede Börse, unabhängig davon, ob es sich um eine Wertpapier-, eine Waren- oder eine Strombörse handelt, stellt einen organisierten Markt dar, an dem Marktteilnehmer Handelsgeschäfte abschließen. An einem solchen Markt werden Angebot und Nachfrage nach bestimmten Waren zusammengeführt. Der Preis, an der Börse Kurs genannt, sorgt dafür, dass sich Angebot und Nachfrage ausgleichen.

Heutzutage verwendet man den Begriff „Börse" in der Regel synonym für die sog. Wertpapier- oder Aktienbörsen, auf denen Aktien und festverzinsliche Wertpapiere gehandelt werden. In diesem Buch soll es ausschließlich um diese Wertpapierbörsen gehen. Eine solche Wertpapierbörse ist mithin eine Plattform, auf der sich Käufer und Verkäufer von Wertpapieren treffen. Nun betrete ich als Anleger natürlich nicht persönlich das Gebäude der Wertpapierbörse, um dort beispielsweise Aktien der Daimler AG zu kaufen oder zu verkaufen.

Dafür gibt es sog. Börsenmakler, die im Namen der Anleger handeln. Dieser Handel kann sowohl an einer Präsenzbörse (Parketthandel, heute im Aussterben begriffen) als auch an einer Computerbörse (beispielsweise dem XETRA-System der Deutsche Börse AG) stattfinden.

Wertpapiere wie die Aktie wechseln heute nicht mehr in physischer Form den Besitzer; sie werden nicht als Stück Papier weitergereicht, sondern virtuell. Ein Wertpapier wird dem einen Depot gutgeschrieben und aus dem anderen Depot ausgebucht. Parallel dazu wird der Kaufpreis von dem einen Girokonto abgebucht und dem anderen gutgeschrieben. Heutzutage wird der Handel mit Aktien in Deutschland nur noch elektronisch abgewickelt – doch dazu später im Abschnitt „Das Orderbuch und die Ausführung".

Börsenplätze in Deutschland

- Börse Frankfurt
- Börse Berlin
- Börse Düsseldorf
- Hamburger Börse
- Börse Hannover
- Börse München
- Börse Stuttgart
- Tradegate Exchange, Berlin
- European Energy Exchange, Leipzig

Transparenz schafft Vertrauen

Der Handel an einer Wertpapierbörse wird streng kontrolliert. Er steht unter Aufsicht von Überwachungsorganen, wie den Börsenbetreibern selbst (im Fall der Frankfurter Börse ist das die Deutsche Börse AG), sowie staatlichen Kontrollinstanzen, wie hierzulande die Bundesanstalt für Finanzdienstleistungsaufsicht (BaFin). Aufsicht und Kontrolle sind tatsächlich sehr wichtig. Warum das so ist, betrachten wir im Folgenden.

Der kontrollierte Handel an einer Börse gewährleistet ein Höchstmaß an Transparenz, da die Marktteilnehmer zu jeder Zeit nachvollziehen können, wie sich der Preisbildungsprozess der gehandelten Wertpapiere gestaltet. Dabei ist es in der Realität jedoch unmöglich, eine perfekte oder vollkommene Transparenz herzustellen. Angesichts der Vielzahl an gehandelten Wertpapieren wird niemals eine Situation eintreten, in der alle Marktteilnehmer gleichzeitig vollständig über alle gehandelten Titel und deren Eigenschaften informiert sind. Einige Marktteilnehmer werden immer etwas mehr wissen als andere. Doch bereits das bestehende Maß an Transparenz schafft das nötige Vertrauen, ohne das Wertpapiermärkte nicht funktionieren können.

Die Börse als Mittlerin zwischen Anlegern und Unternehmen

Die wichtigste Funktion der Wertpapierbörsen ist es, Kapital für Investitionen und für die Umsetzung neuer Geschäftsideen bereitzustellen, die anderenfalls womöglich niemals verwirklicht werden könnten. Die an Anleger (Kapitalgeber) ausgegebenen Aktien verbriefen Anteile an einer Gesellschaft und das Recht, an zukünftigen Unternehmenserträgen zu partizipieren.

Die Börse führt Sie also als Anleger mit Unternehmen zusammen. Für beide Seiten ist das vorteilhaft, denn: Bei den Unternehmen besteht ein Kapitalbedarf, da man sich von heutigen Investitionen höhere Erträge in der Zukunft erwartet. Diese Nachfrage trifft auf Sie als potenziellen Anleger, der einen Teil seines Geldes nicht zu Konsumzwecken einsetzen möchte, sondern Wege sucht, mithilfe derer er dieses Geld sparen oder ertragreich anlegen kann. Als Gegenleistung für Ihre Investition und das damit verbundene Risiko nehmen Sie als Aktieninhaber an Wertsteigerungen des Unternehmens und an zukünftigen Ausschüttungen teil.

> Eine Börse dient dem Abschluss und der Vermittlung von Handelsgeschäften mit Waren und Dienstleistungen aller Art und nimmt eine wichtige Rolle in der Volkswirtschaft ein: Sie ermöglicht den Unternehmen, sich Kapital zu beschaffen. Die Börse ist eine Handelsplattform, mit deren Hilfe Menschen Wertpapiere kaufen und verkaufen.

Ein wenig Geschichte

Es war ein langer Weg von den Börsen des Mittelalters, als sich Kaufleute, Händler oder Geldwechsler an öffentlichen Plätzen trafen, um die Preise für ihre Waren festzulegen, bis zum heutigen computergestützten Handel an den Börsen dieser Welt. Auch wenn sich die Art und Weise, wie der Handel abgewickelt wird, stark verändert hat – die grundlegenden Prinzipien, nach denen Angebot und Nachfrage zur

Preisbildung zusammengeführt werden, sind heute die gleichen wie damals.

Die ersten Börsengründungen

Wie bereits in den frühen Tagen der Börse gilt auch heute, dass ein hohes Angebot an einem Gut in der Regel zu einem Preisrückgang führt und umgekehrt die Verknappung eines Gutes einen Preisanstieg desselben auslöst. Um diesen Prozess in geregelte Bahnen zu leiten, initiierte man im Laufe der Zeit regelmäßige Treffen von Käufern und Verkäufern an bestimmten Orten, zu bestimmten Zeiten und unter Einhaltung festgelegter Regeln. Dies führte im Jahre 1409 in Brügge zur Gründung der ersten Börse, die allerdings erst im Jahr 1531 ein festes Gebäude erhielt. 50 Jahre später folgte dann die zweite Börse in Antwerpen.

Allerdings gab es schon viel früher Vorformen der heutigen Börse. Tatsächlich verdankt sie ihren Namen der Kaufmannsfamilie „van der Buerse" aus der Zeit des europäischen Frühkapitalismus, deren Familienname wiederum auf drei Geldbeutel in ihrem Wappen zurückgeht. Das altgriechische Wort „bursa" stand für Lederbeutel, in denen seinerzeit Geld, Wechsel und Wertpapiere aufbewahrt wurden.

An den damaligen Börsenplätzen wurden hauptsächlich sog. Wechsel gehandelt. Mit der Zunahme des überregionalen Handels kam es immer öfter zu damit verbundenen Zahlungsschwierigkeiten einzelner Marktteilnehmer. Es bildeten sich Wertpapiere heraus, die eine schriftliche Verpflichtung des Schuldners darstellten, dem Inhaber des Wertpapiers (Wechsels) bei Vorlage oder zu einem bestimmten Zeitpunkt eine festgelegte Summe zu zahlen. Damit wurde der Abschluss von Handelsgeschäften erleichtert, denn diese neuen Wechsel waren nicht an Personen gebunden und damit auch übertragbar.

In Deutschland entstand 1540 in Nürnberg die erste Börse, an der hauptsächlich Wechsel und andere Zahlungsinstrumente gehandelt wurden. Kurz darauf wurde in Augsburg, dem Sitz der Kaufmannsfamilie Fugger, eine zweite deutsche Börse gegründet. Zu dieser Zeit entwickelte sich jedoch bereits die Amsterdamer Börse zur wichtigsten Institution ihrer Art. Dort wurde Anfang des 17. Jahrhunderts auch die erste Aktie der Welt gehandelt: Die Vereinigte Ostindische Handels-Kompanie (V.O.C.), ein Zusammenschluss Amsterdamer Gewürzhändler, kam die auf die Idee, Anteile ihres Unternehmens über die Börse zu verkaufen, ohne die Verpflichtung einzugehen, die Anteile später selbst wieder zurückzukaufen.

Die Börsenwelt der Neuzeit

In der Folge wurden in fast jedem europäischen Land Börsen gegründet, und im Jahr 1792 entstand schließlich jenseits des Atlantiks die berühmte und heute wohl bekannteste Börse, die New York Stock Exchange. Zu Beginn wurde in New York allerdings nicht in einem festen Gebäude gehandelt, sondern unter freiem Himmel, auf Höhe der Wall Street Nr. 68.

Die heute ebenfalls sehr bedeutende Börse in Tokio, wurde hingegen erst 1878 gegründet. Seit 1943 ist sie die wichtigste Börse Japans. Einen weiteren Meilenstein in der Geschichte der Börse bildete die Gründung der NASDAQ im Jahr 1971. Mit ihr entstand die erste vollautomatisierte Computerbörse der Welt. Der Aufstieg der NASDAQ ist somit eng mit dem zunehmenden Aussterben des Parketthandels verknüpft. 1997 folgte die Deutsche Börse in Frankfurt mit der Einführung von Exchange Electronic Trading, bekannt als XETRA.

Börsencrashs

Ein Merkmal, das die Börsen seit ihrer Gründung kennzeichnet, sind die immer wiederkehrenden Börsencrashs. Bei einem Börsencrash fallen die Aktienkurse in einer relativ kurzen Zeitspanne erdrutschartig. Die Ursachen hierfür sind völlig unterschiedlich, beispielsweise eine drohende Rezession, plötzliche Zinsängste, schlechte wirtschaftliche Aussichten, Kriegsängste oder Währungsspekulationen. Auch das Platzen sog. Spekulationsblasen kann zu einem Börsencrash führen.

Die „Tulpenmanie" von 1637

Als erster großer Börsencrash der Geschichte wird häufig das Zusammenbrechen des Marktes für Tulpen im Jahre 1637 in den Niederlanden angeführt: Sehr viele Menschen hatten ihr Vermögen in Tulpenzwiebeln investiert, nachdem die Preise für die damals seltenen asiatischen Importpflanzen in astronomische Höhen geschnellt waren. So wurden zu Spitzenzeiten umgerechnet bis zu 10.000 EUR pro Tulpenzwiebel bezahlt. Dies entsprach 40 Jahresgehältern eines Zimmermanns. Preise und Wert der Zwiebeln standen in keinem realen Verhältnis mehr zueinander. Zahlreiche Marktteilnehmer hatten auf einen weiteren Preisanstieg von Tulpenzwiebeln spekuliert. Nach dem 5. Februar 1637 brachen jedoch die Kurse in kürzester Zeit um 95 % ein.

Preisexplosion in den Niederlanden während der „Tulpenmanie" von 1637

Güter, die angeblich für eine Tulpenzwiebel der Sorte Viceroy getauscht wurden	
120 Scheffel Weizen	448 Gulden
240 Scheffel Roggen	558 Gulden
Vier fette Ochsen	480 Gulden
Acht fette Schweine	240 Gulden
12 fette Schafe	120 Gulden
2 Oxhofte Wein	70 Gulden
4 Fuder Bier	32 Gulden
2 Fässer Butter	192 Gulden
1.000 Pfund Käse	120 Gulden
1 Bett	100 Gulden
1 Anzug	80 Gulden
1 silberner Trinkbecher	60 Gulden
Summe	2.500 Gulden

Quelle: Anna Pavord: The Tulip. Bloomsbury, London 2004, S. 165.

Immer mehr Spekulanten waren in der Hoffnung auf schnelle Gewinne auf den fahrenden Zug aufgesprungen. Doch dann stiegen die ersten wieder aus, um sich ihre Gewinne zu sichern. Eine Verkaufspanik entstand, die Spekulationsblase platzte und die Euphorie um die Tulpenzwiebel war schlagartig beendet. Zwar handelte es sich bei diesem Zusammenbruch nicht um einen Crash im Zuge des Aktienhandels, sondern beim Handel mit Waren. Es sind jedoch ähnliche Mechanismen, die zu den späteren Crashs an den Wertpapierbörsen dieser Welt geführt haben.

Der „Schwarze Freitag" von 1929

Der Börsencrash von 1929 wird allgemein als der größte und folgenreichste der Geschichte angesehen. Als sein Ausgangspunkt gilt der 24. Oktober 1929, ein Donnerstag („Black Thursday"). In Europa spricht man häufig vom „Schwarzen Freitag", da die Nachricht vom Absturz der Börsenkurse die Europäer aufgrund der Zeitverschiebung an einem Freitag erreichte. Eine lange Phase der Hochkonjunktur und steigende Börsenkurse hatten die USA in den 1920er-Jahren zum reichsten Land der Welt gemacht. Doch bereits vor dem 24. Oktober befanden sich die Aktienkurse auf dem Rückzug. Viele Anleger waren nun gezwungen, ihre Aktien zu verkaufen, da diese sehr häufig über Kredite finanziert waren und die Banken angesichts der Kursrückgänge an den Börsen neue Sicherheiten verlangten oder gar die Kredite kündigten. Das Ergebnis waren anhaltende Kursverluste, die schließlich in eine Weltwirtschaftskrise mündeten.

Die Lehman-Krise von 2008

Der jüngste Börsencrash ereignete sich im Zuge der Finanz- und Wirtschaftskrise, die sich infolge des Platzens der US-amerikanischen Immobilienblase und der Pleite der Investmentbank Lehman Brothers entwickelte. Mit den Nachwirkungen dieser Ereignisse haben wir heute noch zu kämpfen.

Die wichtigsten Börsenplätze

Beinahe jedes Land rund um den Globus verfügt heute über eine Börse. Doch nicht alle Börsenplätze haben Einfluss auf die internationalen Finanzmärkte. Vielmehr gibt es sog. Leitbörsen, deren Kursentwicklungen die übrigen Kapitalmärkte massiv beeinflussen können. Im Folgenden stelle ich Ihnen diese wichtigen Handelsplätze vor – auch vor dem Hintergrund, dass Sie vielleicht einmal selbst an diesen Börsen handeln möchten.

Wall Street, New York

Sie gehört keineswegs zu den ältesten Börsen der Welt. Dennoch hat sich die New York Stock Exchange (NYSE) im Zuge des Aufstiegs der USA zur weltweit führenden Wirtschaftsmacht zu einer Leitbörse entwickelt, an der sich alle anderen Börsenplätze orientieren. Als Synonym für die NYSE wird heute zumeist der Begriff „Wall Street" verwendet, da die Börsengebäude in der gleichnamigen Straße liegen. An ihrem heutigen Standort in der Wall Street Nr. 11 findet man die NYSE schon seit dem Jahr 1903.

Da die USA von den Zerstörungen des Ersten Weltkrieges nicht betroffen waren, konnten US-amerikanische Unternehmen in vielen Bereichen eine führende Stellung in der Weltwirtschaft erobern. Damit bildete die Wall Street eine Plattform, an der die Unternehmensanteile der größten Firmen der Welt gehandelt werden konnten. Ebenso wirkte sich die Größe des Finanzsektors in den USA begünstigend beim Aufstieg der NYSE zur wichtigsten Börse der Welt aus.

Auch heute hat die Wall Street wenig von ihrer Bedeutung eingebüßt. Bedeutende sog. Haussen, das sind lang anhaltende Phasen an der Börse mit stetigen Kursgewinnen, ebenso wie heftige Kursstürze nahmen an dieser Börse ihren Anfang. So erklärt sich auch das Bonmot, das die Kräfteverhältnisse an den weltweiten Börsen sehr gut beschreibt: „Wenn die Wall Street hustet, bekommt der Rest der Welt eine Grippe!"

Infolge einiger Übernahmen und Zusammenschlüsse hat sich mittlerweile der Börsenbetreiber NYSE Euronext, zu der die NYSE nach der Fusion mit der europäischen Mehrländerbörse Euronext gehört, zur Börse mit dem größten Handelsvolumen und der höchsten Anzahl an gelisteten Unternehmen weltweit entwickelt.

Tokyo Stock Exchange – Asiens Leitbörse

In den vergangenen Jahrzehnten ist es einer ganzen Reihe von aufstrebenden asiatischen Schwellenländern gelungen, ein beeindruckendes Wirtschaftswachstum an den Tag zu legen und damit gleichzeitig auch die Bedeutung der asiatischen Finanzplätze zu steigern.

In der Zeit nach Ende des Zweiten Weltkriegs übernahm Japan aufgrund seiner starken wirtschaftlichen Entwicklung eine Vorreiterrolle in Asien. Somit entwickelte sich auch die Börse in Tokio zu einer der wichtigsten Börsen der Welt. Der wirtschaftliche Aufschwung Japans fand in den Achtzigerjahren des 20. Jahrhunderts seinen vorläufigen Höhepunkt. In dieser Zeit wurden die Weltmärkte mit japanischen Autos und Audiogeräten überschwemmt. Die Aktienkurse japanischer Unternehmen schossen in ungeahnte Höhen, die jedoch zum Teil nicht mehr durch entsprechend gute Fundamentaldaten gerechtfertigt waren. Es kam zu gefährlichen Übertreibungen, wodurch sich mit der Zeit eine Spekulationsblase bildete. Nach deren Platzen fielen die Aktienkurse immer weiter und das Land rutschte Anfang der neunziger Jahre in eine Rezession. Mit den Nachwirkungen dieses Einbruchs hat Japan bis heute zu kämpfen.

Frankfurter Börse – die Nummer eins in Deutschland

Die mit Abstand wichtigste deutsche Aktienbörse ist die Frankfurter Börse. Die Handelsplätze Bremen, Hamburg, Hannover, Berlin, Düsseldorf, Stuttgart und München können es in puncto Umsatz in keinerlei Hinsicht mit Frankfurt aufnehmen. Mit dem Aufstieg der Stadt Frankfurt zum wichtigsten deutschen Finanzplatz siedelten sich eine ganze Reihe in- und ausländischer Geldhäuser dort an. Aufgrund seines hohen Stellenwerts in der weltweiten Finanzwelt wird Frankfurt häufig als „Mainhattan" bezeichnet.

London Stock Exchange – das britische Pendant zu „Mainhattan"

Auch der London Stock Exchange (LSE) kommt heute eine große Bedeutung für die internationale Börsenwelt zu. Ihre Wurzeln reichen bis in das Jahr 1698 zurück, als ein Aktienhändler namens John Castaing in seinem Kaffeehaus Listen mit Aktien und Warenpreisen veröffentlichte, die er „The Course of the Exchange and other things" nannte. 1801 folgte der erste geregelte Aktienhandel, und der Grundstein der modernen Stock Exchange war gelegt. Die heutige Struktur der LSE gleicht jener der Frankfurter Börse. Ihr bekanntester Aktienindex ist der FTSE 100, der die 100 Aktien mit der höchsten Marktkapitalisierung umfasst, die an der Börse in London gehandelt werden. Seit ihrer Fusion mit der Borsa Italiana ist die LSE Group eine der größten Börsengruppen in Europa.

Die größten Börsen im Vergleich

Die einzige Börse, die hinsichtlich ihres Handelsvolumens halbwegs mit der NYSE mithalten kann, ist die NASDAQ, bei der allerdings weniger Unternehmen gelistet sind. Auf den weiteren Plätzen folgen mit großem Abstand sowohl beim Handelsvolumen als auch bei der Zahl der gelisteten Unternehmen die Tokyo Stock Exchange, die Korea Exchange und die London Stock Exchange. Bei der Marktkapitalisierung, also der Summe aller Börsenwerte der an einer Börse gehandelten Unternehmen, zeigt sich allerdings ein etwas anderes Bild. In dieser Kategorie hat die Hong Kong Exchange die Spitzenposition vor der Deutschen Börse und der NYSE Euronext inne.

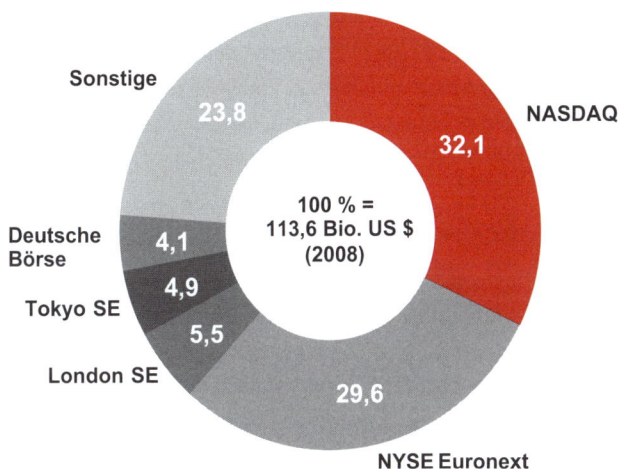

Die größten Aktienbörsen (Umsatzanteile in Prozent, 2008)

Die bedeutendsten Aktienindizes

Jetzt kennen Sie bereits die wichtigsten Börsenplätze. Sehen wir uns nun die bedeutendsten Aktienindizes an. Ein Aktienindex ist eine Kennzahl für die Entwicklung von ausgewählten Aktienkursen in einem bestimmten Aktienmarkt. Der betreffende Index soll die Entwicklung auf diesem Teilmarkt des weltweiten Finanzgeschehens repräsentativ dokumentieren. Er dient der Veranschaulichung von Preis- und Mengenbewegungen von Wertpapieren in einem Zeitablauf. Dies geschieht meist dadurch, dass die betrachteten Werte prozentual bzw. relativ auf eine Basisgröße bezogen werden, die gleich 100 % gesetzt wird.

Der Aufstieg der USA zur weltweit führenden Wirtschaftsmacht führte dazu, dass sich New York zum wichtigsten Börsenplatz der Welt entwickelte. Daher verwundert es kaum, dass auch die bedeutendsten Aktienindizes der USA dort zu finden sind.

Dow Jones – die „Mutter aller Indizes"

Der wichtigste dieser Indizes ist der „Dow Jones Industrial Average", häufig abgekürzt als DOW oder DJIA. Dieser Index umfasst 30 große US-Aktien und ist der weltweit bekannteste Aktienindex. Er existiert seit dem Jahre 1884 und wird daher von Börsianern oft als „Mutter aller Indizes" bezeichnet.

Ins Leben gerufen wurde er von den Gründern des „Wall Street Journal" und des Unternehmens Dow Jones. Charles Dow (1851–1902) und Edward Jones (1856–1920) suchten ein Marktbarometer, das möglichst adäquat die Performance des gesamten Aktienmarktes widerspiegelte. Heute gibt es neben dem Dow Jones noch eine ganze Reihe anderer wichtiger Indizes.

Über eine Aufnahme in den Index entscheidet eine unabhängige Kommission des „Wall Street Journal". Die Änderung der Indexzusammensetzung wird nur nach Bedarf vorgenommen, es gibt keine festen Regeln für eine laufende Überprüfung und Aktualisierung. Der Dow-Jones-Index an der New York Stock Exchange (NYSE) ist nach dem Dow Jones Transportation Average der älteste noch bestehende Aktienindex der USA.

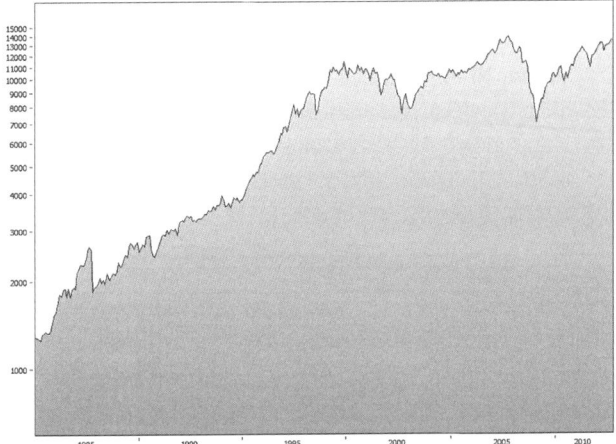

Entwicklung des Dow Jones zwischen 1985 und 2010

S&P 500 und NASDAQ Composite

Zwei weitere bedeutende und marktgewichtige Indizes sind ebenfalls an der Wall Street beheimatet. Zum einen ist dies der „Standard & Poor's 500"-Index (S&P 500), der 500 Aktienwerte umfasst und daher die Entwicklung des gesamten Marktes deutlich präziser abzubilden vermag als der Dow Jones Industrial Average. In seiner heutigen Form wurde der S&P 500 am 4. März 1957 von Standard & Poor's, einer Ratingagentur, begründet.

Zum anderen hat auch der NASDAQ Composite Index größere Bedeutung erlangt. Dieser Aktienindex ist vergleichsweise jung: Er wurde erst im Februar 1971 beim Stand von 100 Indexpunkten eingeführt und gehört mit etwa 5.000 gelistеten Unternehmen aus dem In- und Ausland zu den wichtigsten Börsenbarometern der Welt. Der Index umfasst alle Aktien, die im NASDAQ Stock Market (National Association of Securities Dealers Automated Quotations), der nordamerikanischen Börse für Wachstumswerte, gelistet sind. Alle an der NASDAQ gelisteten Aktien haben ein vierstelliges Kürzel (z. B. AMZN für Amazon.com oder MSFT für Microsoft).

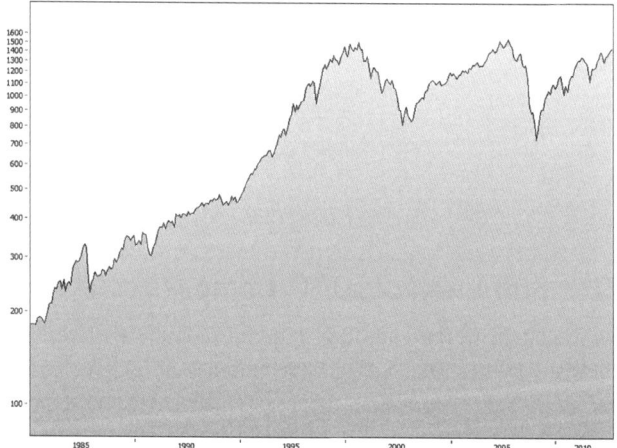

Entwicklung des S&P 500 zwischen 1985 und 2010

Die nach Marktkapitalisierung größten 100 Unternehmen werden im NASDAQ-100 zusammengefasst. Dort finden sich überwiegend Technologiewerte. In den Medien wird der NASDAQ-100 daher oft mit dem Begriff „Technologie-Index" belegt. Die Auswahl der Indexwerte sowie deren Gewichtung werden einmal im Jahr überprüft und gegebenenfalls aktualisiert. Der NASDAQ-100 wird seit dem 31. Januar 1985 be-

rechnet. Die Indexbasis lag zunächst bei 250 Punkten. Mit
dem NASDAQ-100 wird oft die „Dotcom-Blase" der Jahrtau-
sendwende in Verbindung gebracht. Wenn Sie sich die Entwicklung des Index einmal ansehen, werden Sie auch erkennen, wie es dazu kam.

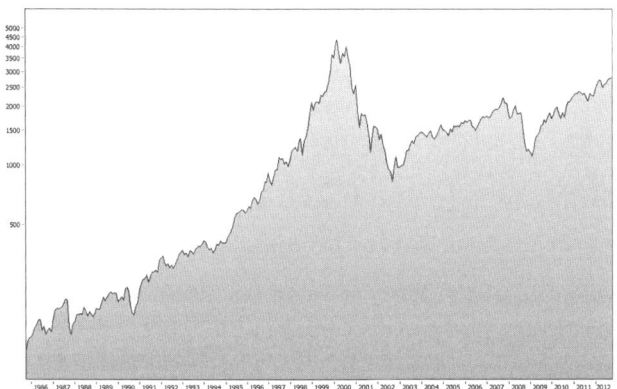

Entwicklung des NASDAQ-100 zwischen 1985 und 2012

Am 23. Mai 1995 schloss der NASDAQ-100 erstmals über der
Marke von 500 Punkten und am 8. Juli 1997 zum ersten Mal
über der 1.000-Punkte-Marke. Danach beschleunigte sich die
Entwicklung des Index: Am 11. Januar 1999 wurde die Marke
von 2.000 Punkten überwunden, am 18. November 1999 fiel
bereits die 3.000-Punkte-Marke. Am 8. Februar 2000 schließlich schloss der NASDAQ-100 zum ersten Mal über der Marke
von 4.000 Punkten. Dieses beschleunigte Wachstum spiegelt
die damalige Spekulationsblase im Technologiesektor wider.

Nikkei 225 – der Dow Jones Japans

Der wichtigste Index an der Börse in Tokio ist der Nikkei 225. Er ist damit gleichzeitig einer der wichtigsten Aktienindizes Asiens sowie weltweit. Der Nikkei 225 wurde erstmals am 7. September 1950 von der Tokioter Börse veröffentlicht und wird seit 1971 börsentäglich berechnet. Er bildet die 225 wichtigsten japanischen börsennotierten Unternehmen ab und spiegelt deren Wertentwicklung wider. Die Auswahl der im Nikkei 225 vertretenen Werte sowie deren Gewichtung werden einmal jährlich überprüft und gegebenenfalls aktualisiert. Verantwortlich für diese Anpassungen ist die japanische Wirtschaftszeitung „Nihon Keizai Shimbun", die den Index betreut und für dessen Zusammensetzung zuständig ist.

Am 29. Dezember 1989 markierte der Nikkei mit 38.957,44 Punkten im Handelsverlauf und mit 38.915,87 Punkten auf Schlusskursbasis ein Allzeithoch. Vorangegangen war ein atemberaubender wirtschaftlicher Aufschwung Japans in den Achtzigerjahren. In dieser Zeit belieferte Japan den Rest der Welt vor allem mit Automobilen und Elektronik. Dieser Erfolg befeuerte auch die Aktienkurse der japanischen Unternehmen, was zur Entwicklung einer Spekulationsblase führte. Nachdem diese Blase geplatzt war, stürzte Japan Anfang der Neunzigerjahre in eine Rezession.

DAX – Deutschlands Leitindex

In Deutschland ist der Deutsche Aktienindex (DAX) das wichtigste Börsenbarometer. Der DAX bildet die 30 hinsichtlich Marktkapitalisierung und Börsenumsatz größten deutschen

Unternehmen ab und spiegelt deren Wertentwicklung wider. Er gilt daher auch als Indikator für die Entwicklung des gesamten deutschen Aktienmarktes. Die Auswahl der DAX-Werte sowie deren Gewichtung werden einmal im Jahr überprüft und gegebenenfalls aktualisiert. Der DAX wurde gemeinsam von der Arbeitsgemeinschaft der Deutschen Wertpapierbörsen, der Frankfurter Wertpapierbörse und der „Börsen-Zeitung" entwickelt und am 1. Juli 1988 eingeführt. Er setzt den Index der „Börsen-Zeitung" fort, dessen Geschichte bis auf das Jahr 1959 zurückgeht.

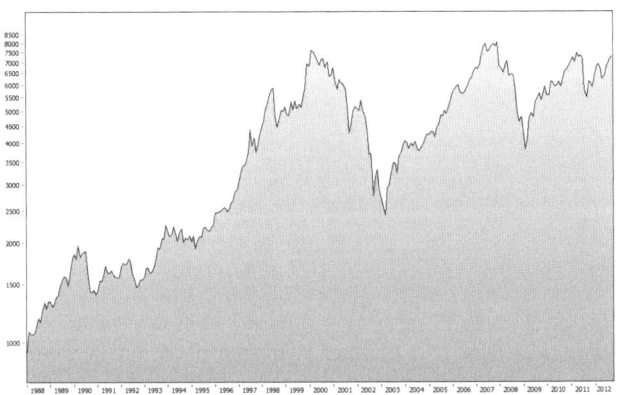

Entwicklung des DAX zwischen 1988 und 2012

MDAX und TecDAX

Weitere Indizes der Deutschen Börse sind unter anderem der MDAX und der TecDAX. Der MDAX (abgeleitet von Mid-Cap-DAX) wurde am 19. Januar 1996 eingeführt und umfasst

50 Werte – vorwiegend aus klassischen Branchen –, die in der Rangliste nach Marktkapitalisierung des Streubesitzes und Börsenumsatz auf die Werte des DAX folgen. Er spiegelt sehr gut die Kursentwicklung von Aktien mittelgroßer deutscher oder überwiegend in Deutschland tätiger Unternehmen (sog. Mid Caps) wider.

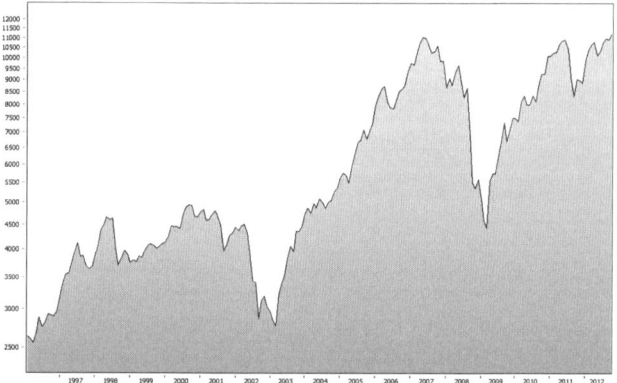

Entwicklung des MDAX zwischen 1997 und 2012

Im TecDAX, der am 24. März 2003 als Nachfolger des durch Insidergeschäfte und Bilanzfälschungen in Verruf geratenen Nemax50 eingeführt wurde, sind heute 30 der in Bezug auf Marktkapitalisierung und Orderbuchumsatz größten Technologiewerte zusammengefasst. Der TecDAX ist somit das deutsche Pendant zum amerikanischen NASDAQ-Index.

Auf einen Blick: Was ist eigentlich die Börse?

- Die Börse ist ein organisierter Markt, an dem Angebot an und Nachfrage nach Wertpapieren zusammengeführt werden. Sie stellt also den Marktplatz dar, der es Sparern und Investoren (Kapitalgebern) ermöglicht, sich an der wirtschaftlichen Entwicklung von Unternehmen zu beteiligen, während Unternehmen (Kapitalnehmer) hier die Chance erhalten, Geldgeber zu finden.

- Dieser Handel vollzieht sich schon seit vielen Jahrhunderten sehr erfolgreich – wenngleich auch so genannte „Börsencrashs" zur Geschichte dazugehören.

- Das internationale Finanzsystem hat sich rund um den Globus etabliert. Die New Yorker Wall Street gilt als sein eigentliches Herz. Weitere wichtige Börsenplätze sind Tokio, Frankfurt und London.

Die Akteure der Börse

Warum gehen die einzelnen Akteure wie Unternehmen, Konzerne, Aktionäre, Privatanleger, Banken, Fondsgesellschaften und deren Manager an die Börse?

In diesem Kapitel erfahren Sie,

- welche Motive die einzelnen Marktteilnehmer haben,
- warum Privatanleger manchmal anders denken als institutionelle Anleger,
- was ein Initial Public Offering (IPO) ist.

Börsennotierte Unternehmen

Unternehmen dient die Börse in erster Linie zur Kapital-
beschaffung. Immer wenn Firmen beginnen, so schnell zu
wachsen, dass sie dieses Wachstum sowie vielversprechende
Vorhaben nicht mehr ausschließlich aus den eigenen Mittel-
zuflüssen finanzieren können, müssen sie eine Entscheidung
treffen: Sie können natürlich auf die Möglichkeit, mehr Gewinn zu erwirtschaften, verzichten, was jedoch die Ausnahme
bleiben dürfte. Im anderen Fall entscheiden sie sich dafür,
zusätzliches Kapital zu beschaffen und die sich bietenden
Wachstumschancen zu ergreifen. Dabei können sie frisches
Fremdkapital aufnehmen, sei es über Bankkredite oder durch
die Ausgabe von Anleihen.

Warum Unternehmen an die Börse gehen

Der Verkauf von Unternehmensanteilen über Aktien verschafft
den Unternehmen hingegen neues Eigenkapital. Aktionäre stellen den Konzernen das benötigte Kapital zur Verfügung und
erhalten dafür Gesellschaftsanteile und die Aussicht, an den
zukünftigen Unternehmensgewinnen in Form von Dividendenzahlungen beteiligt zu werden. Zusätzlich erhalten die Aktionäre – je nach der Anzahl der gehaltenen Aktien – Mitsprache-
rechte auf der Hauptversammlung des Unternehmens. Manche
Aktien, die sog. Vorzugsaktien, sind jedoch nur mit Dividenden-
ansprüchen, aber mit keinerlei Stimmrechten auf der Hauptversammlung verknüpft. Ihr Gegenstück ist die Stammaktie, die
beispielsweise bei Dividendenausschüttungen nicht bevorzugt
behandelt werden muss, jedoch Stimmrechte einräumt.

Die Hauptversammlung ist im Gesellschaftsrecht eines der drei Organe einer Aktiengesellschaft. Sie dient der Zusammenkunft aller Aktionäre, ihrer Information und der Beschlussfassung über unternehmensbezogene Vorgänge. Die Hauptversammlung findet mindestens einmal jährlich statt. Stimmberechtigte Teilnehmer sind alle Halter von Stammaktien eines Unternehmens.

Wie Unternehmen an die Börse gehen

Ein Konzern, der sich Kapital über die Ausgabe von Aktien oder Schuldverschreibungen beschafft, wird Emittent genannt. Die Aktienemission eines Unternehmens bezeichnet man auch als Neuemission oder englisch „Initial Public Offering" (IPO). Bevor es hierzu kommt, muss das emittierende Unternehmen allerdings die Frage klären, wie viele Anteile idealerweise verkauft werden sollten und zu welchem Preis. Zudem verfügen die Unternehmen selbst in der Regel nicht über die notwendigen Ressourcen, um den Emissionsprozess im Alleingang zu bewältigen.

An diesem Punkt kommen Banken ins Spiel, die das Unternehmen bei der Platzierung von Aktien an der Börse unterstützen und dafür in Form von Provisionen entlohnt werden. Sie sind ein wichtiger Akteur an der Börse. Vor allem bei größeren Emissionen wird der Prozess zumeist nicht von einer einzigen Bank, sondern vielmehr von einem Konsortium an Finanzinstituten durchgeführt, wobei das emittierende Unternehmen stets eine Bank zum Konsortialführer bestellt.

Beispiel:

 Das Rekord-IPO des Sozialen Netzwerks Facebook wurde im Jahr 2012 von der US-Bank Morgan Stanley als Konsortialführer begleitet. Mit im Boot waren außerdem Goldman Sachs sowie die Deutsche Bank.

Bei der Platzierung von Aktien an der Börse will sich natürlich kein Unternehmen unter Wert verkaufen, indem es womöglich einen zu niedrigen Emissionspreis ansetzt. Allerdings darf der Preis auch nicht zu hoch angesetzt werden, da sonst die Nachfrage nach der Aktie leidet.

Die Ermittlung des Emissionspreises

Zur Ermittlung des angemessenen Emissionspreises können verschiedene Methoden angewendet werden. Zu diesen zählen das Festpreisverfahren, das Auktionsverfahren und das Bookbuilding-Verfahren:

- Beim Festpreisverfahren legt das emittierende Unternehmen den Preis selbst fest, wobei zur Ermittlung des Unternehmenswerts Vergleiche mit ähnlichen Unternehmen herangezogen werden können. Außerdem kann die erwartete Nachfrage nach den Aktien mithilfe verschiedener Schätzverfahren berechnet werden.

- Wenn die Entscheidung zugunsten des Auktionsverfahrens ausfällt, legt der Emittent lediglich den Mindestpreis, die Mindestemissionsmenge und die Zeichnungsfrist fest. In dieser Zeit können alle interessierten Investoren ihre Gebote abgeben. Danach werden die Gebote der Höhe nach sortiert, wobei so lange die jeweils höchsten Gebote zum

Zuge kommen und Aktien erhalten, bis das gesamte Emissionsvolumen aufgebraucht ist.

- Im Bookbuilding-Verfahren legt der Emittent ebenfalls einige Eckdaten fest. Die folgenden Kaufgebote der Investoren werden in ein sog. Orderbuch überführt. Im Unterschied zum Auktionsverfahren erhalten aber nicht automatisch die höchsten Gebote den Zuschlag. Vielmehr spielt es auch eine Rolle, wie viele Aktien einzelne Aktionäre erwerben möchten. Am Ende zahlen alle Investoren einen einheitlichen Emissionspreis.

Aktionäre

Wer gehört nun zum Investorenkreis der Aktionäre, wer kauft die Aktien von Unternehmen und warum? Aktionäre können private und institutionelle Anleger sein (z. B. Lebensversicherer). Zudem halten auch Unternehmen Anteile an anderen Firmen, um deren Geschäftspolitik beeinflussen zu können und von ihrem Erfolg finanziell zu profitieren.

Risiken für Kleinanleger

Für Kleinanleger ergibt sich bei Investitionen in Einzelaktien das Problem, dass sie ihre Hoffnungen auf zukünftige Erträge in nur eines oder ganz wenige Unternehmen legen. Dies mag sogar beabsichtigt sein, wenn etwa jemand in sein Lieblingsunternehmen investieren möchte und von den Wachstumsaussichten genau dieses Unternehmens im Vergleich zu seinen Konkurrenten überzeugt ist. Allerdings erhöht sich das

Risiko einer Minderung oder sogar eines Totalausfalls des eingesetzten Kapitals drastisch, wenn man sein investiertes Geld auf eine Karte bzw. auf ein oder nur wenige Unternehmen setzt.

Investoren und Kleinanleger, die ihr Risiko streuen möchten, können in Investmentfonds investieren. Fondsgesellschaften erreichen einen hohen Grad an Diversifikation (Streuung), indem sie zahlreiche Aktien von Unternehmen verschiedener Branchen, Größen oder Regionen in ihr Fondsportfolio aufnehmen.

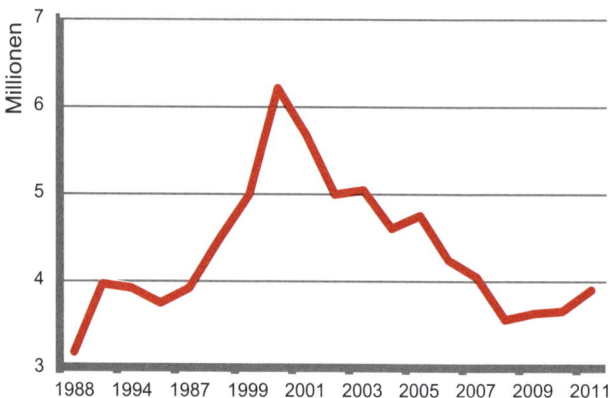

Zahl der Aktionäre in Deutschland (Quelle: Deutsches Aktien-institut e.V.)

Neben der Aussicht auf zukünftige Gewinne hat eine Investition in Aktien im Vergleich zu anderen Anlageformen den Vorteil, dass Aktien börsennotierter Aktiengesellschaften jederzeit über die Börse verkauft werden können.

Rechte der Aktionäre

Wenn Sie sich als Anleger entscheiden, direkt in Aktien von Unternehmen zu investieren, werden Sie Anteilseigner und genießen die jeweiligen Rechte, die damit einhergehen.

Die Rechte der Aktionäre sind im Aktiengesetz niedergelegt. Zu den Hauptrechten von Aktionären zählen das Recht zur Teilnahme an der Hauptversammlung, das Stimmrecht und bestimmte Auskunftsrechte. Der Aktionär hat Anspruch auf seinen Anteil am Unternehmensgewinn, soweit dieser nicht nach Gesetz, Satzung oder Hauptversammlungsbeschluss ausgeschlossen ist. Er haftet für die Verbindlichkeiten der Gesellschaft nur mit seiner Einlage.

Die Hauptversammlung ist, wie oben bereits erwähnt, eines der drei Organe der Aktiengesellschaft (die anderen sind der Aufsichtsrat und der Vorstand). In ihr versammeln sich die Aktionäre, um ihre Rechte auszuüben. Die Aktionäre können auch ihre depotführende Bank oder eine Aktionärsvereinigung beauftragen, sie auf der Hauptversammlung zu vertreten.

Banken

Banken sind am Börsenspiel nicht nur durch ihre Begleitung der Erstemissionen von Aktien beteiligt. Vielmehr treten sie auch als Mittler zwischen Konzernen und Aktionären auf, indem sie diese beraten und Kauf- und Verkaufsaufträge ausführen. Daneben betreiben die Finanzinstitute dieser Welt einen regen Handel mit Derivaten, mithilfe derer Anleger auf die Entwicklung von Aktien setzen können, ohne diese tatsächlich zu erwerben. Schließlich handeln Banken natürlich auch selbst mit Aktien und werden somit ebenfalls zu Anteilseignern.

Vermittler zwischen Unternehmen und Anlegern

Doch warum braucht die Börse überhaupt Banken? Könnten Investoren ihr überschüssiges Kapital nicht auch direkt den Unternehmen zukommen lassen, die es zur Finanzierung wachstumsträchtiger Projekte verwenden und die Investoren später dann im Gegenzug an den höheren Gewinnen beteiligen? Eine Erklärung für die Existenz von Banken liefert die wirtschaftswissenschaftliche Theorie. Banken können als Vermittler zwischen kapitalhungrigen Unternehmen und nach Anlagemöglichkeiten suchenden Investoren enorme Kostensenkungen bewirken. Doch wie werden diese Vorteile erzielt?

Beispiel:

Stellen Sie sich zunächst vor, ein Investor wollte sein Vermögen in zehn Aktien von zehn unterschiedlichen Unternehmen anlegen. Dabei muss er sicherstellen, dass sein Geld auch wirklich gewinnbringend investiert wird und er tatsächlich in Form von Dividendenzahlungen am Gewinn beteiligt wird. Um zu prüfen, wie mit seiner Einlage verfahren wird, muss der einzelne Anleger also die Bilanzen und sonstigen Geschäftsberichte der zehn Unternehmen studieren. Dies ist mit einem enormen zeitlichen und finanziellen Aufwand verbunden. Nun stellen Sie sich vor, zehn Investoren wollten ihr Geld in jeweils zehn verschiedene Unternehmen investieren. Es wird offensichtlich, welch großes Geflecht entsteht, wenn jeder einzelne Investor jedes einzelne Unternehmen überprüfen muss, um sicherzustellen, dass sein angelegtes Kapital nicht untergeht.

Genau hier können die Banken Abhilfe schaffen, indem sie zwischen Investoren und Unternehmen vermitteln und somit den Anlegern viel Zeit und Geld sparen. Sie erreichen dies, indem sie das Geld der Anleger einsammeln und an die Unternehmen weiterreichen. Als privater Anleger müssen Sie nun nicht mehr die Geschäftsberichte jedes einzelnen Unternehmens studieren, sondern nur eine einzige Bank überwachen. Die Bank kümmert sich ihrerseits um die Überprüfung der Unternehmen und wacht darüber, dass die angelegten Gelder gewinnbringend investiert werden. Dabei ist es nicht nur von Vorteil, dass auf diese Weise weniger Verflechtungen entstehen, vielmehr ist die Bank auch wesentlich besser in der Lage, die Unternehmen zu überprüfen. Der Bank stehen umfassende Ressourcen und ein Wissen zur Verfügung, welches Kleinanleger in den seltensten Fällen besitzen. Die Banken beschäftigen Spezialisten für die einzelnen Branchen, die die Geschäftstätigkeiten der Unternehmen sehr gut ausleuchten können.

Die volkswirtschaftliche Rolle der Banken

Indem die Banken das Geld der Investoren einsammeln und an Unternehmen weiterleiten, die es benötigen, erfüllen sie drei wichtige volkswirtschaftliche Funktionen: die Losgrößen-, die Fristen- und die Risikotransformation. Was bedeuten diese etwas kompliziert klingenden Begriffe?

- Losgrößentransformation meint, dass die Banken die geringen Beträge, die Kleinsparer anlegen, zu den hohen Summen umwandeln, die Unternehmen zur Finanzierung großer Projekte benötigen. Dies erreichen die Banken, indem sie Einlagen und Kredite in Pools zusammenfassen.

- Durch die Fristentransformation werden unterschiedliche Laufzeitinteressen von Schuldnern und Gläubigern in Einklang gebracht.

- Bei der Risikotransformation sorgen Banken durch Portfoliobildung oder Überwachung der Kredite dafür, dass das Verlustrisiko für die Einlagen der Privatanleger gemindert wird.

Die Finanzinstitute sind heutzutage weit mehr als nur Verwalter von Privatvermögen und Kontrolleure der Unternehmen, die das eingelegte Vermögen letztlich verwenden. Vielmehr haben sie im Laufe der Zeit ihre Bilanzen aufgebläht und sind zu weltumspannenden, systemkritischen Finanzriesen angewachsen. Dabei haben sie ihre Tätigkeiten mittlerweile in fast jeden Winkel der Wirtschaftswelt ausgeweitet. Neben Immobiliengeschäften, Rohstoffspekulationen und sonstigen Geschäftstätigkeiten hat vor allem die Explosion der Derivategeschäfte zu Verflechtungen der Banken mit der sog. Realwirtschaft, aber auch der Banken untereinander geführt.

Beispiel:

 Häufig wurden in der jüngsten Vergangenheit durch die Investment-Sparten der Banken Rohstoff- und Ölpreise „manipuliert": Die Banken stiegen massiv in den Handel ein, verknappten durch diese Marktmacht das Angebot künstlich und trieben so die Preise in die Höhe. So entstanden Spekulationsblasen.

Die Risiken für die weltweite Konjunktur in dem Fall, dass eines der großen Finanzinstitute pleitegehen sollte, sind dadurch erheblich gestiegen. Welche Konsequenzen der Bankrott einer solchen systemrelevanten Bank haben kann, konnte man nach dem Zusammenbruch der US-Investmentbank Lehman Brothers beobachten, der eine weltweite Finanz- und Wirtschaftskrise auslöste.

Fondsgesellschaften

Neben Banken und privaten Investoren bilden Investmentfonds eine weitere große Gruppe von Aktienkäufern. Eine Investmentgesellschaft sammelt das Geld der Anleger, bündelt es in einem Sondervermögen und legt es in Aktien, Immobilien, Renten, Rohstoffen oder anderen Anlageklassen an.

Dabei haben sich im Zeitverlauf verschiedene Fondsarten entwickelt, die entweder nur innerhalb einer einzelnen Anlageklasse (wie z.B. Aktien) investieren oder aber das angelegte Kapital auf einige oder alle Anlageklassen verteilen dürfen. Investmentfonds müssen im Regelfall den Grundsatz der Risikomischung beachten. Das heißt, es darf nicht das gesamte Fondsvermögen in nur eine Aktie oder nur eine Immobilie investiert werden. Durch die Streuung des Geldes auf verschiedene Anlagegegenstände (Diversifikation) wird das Anlagerisiko reduziert, sodass Fonds üblicherweise ein geringeres Verlustrisiko als die Anlage in Einzelwerten beinhalten.

In Deutschland gilt das Fondsvermögen als Sondervermögen der Unternehmen. Es muss daher strikt von dem Vermögen der Kapitalanlagegesellschaft getrennt werden, weshalb es im Falle einer Insolvenz der Gesellschaft geschützt ist.

Investmentfonds werden nach verschiedenen Kriterien unterschieden. So gibt es Publikumsfonds, die von jedermann erworben werden können, und Spezialfonds, die vor allem für institutionelle Anleger gedacht sind. Institutionelle Anleger sind z.B. Lebensversicherungen, Pensionskassen, Unterstützungskassen, berufsständische und kirchliche Versorgungswerke, Unternehmen – insbesondere bei der Anlage von Pensionsgeldern –, Stiftungen, Verbände sowie kirchliche und andere karitative Einrichtungen. Bei den Publikumsfonds wird wiederum danach unterschieden, in welche Anlageklassen die einzelnen Fonds investieren.

Im Fondsgeschäft kommt den zumeist hoch bezahlten Fondsmanagern eine ganz besondere Bedeutung zu. Ihr Auftrag besteht darin, das angelegte Vermögen überdurchschnittlich zu vermehren. Ob dies tatsächlich gelungen ist, wird anhand eines Vergleichswerts (Benchmark) beurteilt. Wenn ein Fonds beispielsweise in Aktien großer deutscher Unternehmen anlegt, wird die Performance des DAX als Vergleichswert herangezogen. Fondsmanager beobachten die Kursentwicklungen von Aktien, internationale Markt- und Branchenentwicklungen, Veränderungen des Zinsniveaus, Unternehmensfusionen und politische Ereignisse; sie analysieren Bilanzen, Wachstum und die Finanzstruktur von Unternehmen. All diese Informationen bilden die Grundlage für die Entscheidung, welche Wertpapiere gekauft, gehalten oder verkauft werden.

Ratingagenturen

Zur Meinungsbildung von Fondsmanagern und privaten Anlegern tragen auch die Ratingagenturen bei. Ihre Aufgabe
besteht darin, Unternehmen und Staaten dahingehend zu
prüfen, ob die zukünftigen Zins- und Rückzahlungen sicher
sind. Dabei haben die drei großen US-Agenturen Standard &
Poor's, Moody's und Fitch Ratings eine führende Stellung
eingenommen. Zwar gibt es weltweit noch eine Reihe weiterer Ratingagenturen, jedoch genießen diese bei Weitem
nicht die Bedeutung der drei oben genannten. Ratingagenturen fassen ihre gesamten Analysen in einer Bewertung (Rating) zusammen. Diese Ratings reichen in der Regel von AAA
bzw. Aaa (beste Qualität) bis D (zahlungsunfähig).

Allerdings hat die Kritik an den Bewertungen der Ratingagenturen in den vergangenen Jahren stark zugenommen.
Diese haben in der Finanz- und Wirtschaftskrise von 2007/08
eine unrühmliche Rolle gespielt, als mit AAA bewertete Im-
mobilienanleihen reihenweise ausfielen und die Weltwirtschaft in Mitleidenschaft zogen.

Bewertungsskalen der führenden Ratingagenturen

Moody's	S&P	Fitch	Bedeutung
Aaa	AAA	AAA	Schuldner höchster Bonität, Ausfallrisiko auch längerfristig so gut wie vernachlässigbar.
Aa1	AA+	AA+	Sichere Anlage, Ausfallrisiko so gut wie vernachlässigbar, längerfristig aber etwas schwerer einzuschätzen.
Aa2	AA	AA	
Aa3	AA-	AA-	
A1	A+	A+	Sichere Anlage, sofern keine unvorhergesehenen Ereignisse die Gesamtwirtschaft oder die Branche beeinträchtigen.
A2	A	A	
A3	A-	A-	
Baa1	BBB+	BBB+	Durchschnittlich gute Anlage. Bei Verschlechterung der Gesamtwirtschaft ist aber mit Problemen zu rechnen.
Baa2	BBB	BBB	
Baa3	BBB-	BBB-	
Ba1	BB+	BB+	Spekulative Anlage. Bei Verschlechterung der Lage ist mit Ausfällen zu rechnen.
Ba2	BB	BB	
Ba3	BB-	BB-	
B1	B+	B+	Hochspekulative Anlage. Bei Verschlechterung der Lage sind Ausfälle wahrscheinlich.
B2	B	B	
B3	B-	B-	

Moody's	S&P	Fitch	Bedeutung
Caa1	CCC+	CCC	Nur bei günstiger Entwicklung sind keine Ausfälle zu erwarten.
Caa2	CCC		
Caa3	CCC-		Moody's: in Zahlungsverzug
Ca	CC		Standard & Poor's: hohe Wahrscheinlichkeit eines Zahlungsausfalls oder Insolvenzverfahren beantragt, aber noch nicht in Zahlungsverzug.
	C		
C	D	DDD	Zahlungsausfall
/		DD	
/		D	

Auf einen Blick: Die Akteure der Börse

- An der Börse agiert eine Vielzahl von Akteuren. Sie alle bewegen mit ihren Käufen und Verkäufen die Aktienkurse.

- Unternehmen können mit einem Börsengang ihr Eigenkapital erhöhen.

- Mit dem Kauf einer Aktie werden Aktionäre an den zukünftigen Unternehmensgewinnen beteiligt. Aktionäre können Privatanleger, Institutionen, wie z.B. Versicherungen, oder auch andere Unternehmen sein.

- Die Banken spielen als Mittler zwischen Unternehmen und Anlegern eine wichtige Rolle im Börsengeschäft: Sie kontrollieren und überwachen die Unternehmen und verwalten für die Anleger.

- Aktionäre großen Stils sind die Investmentfonds, die das Geld vieler kleinerer Anleger bündeln und gesammelt in vielversprechenden Aktienpaketen anlegen.

- Ein oft vergessener Akteur der Börse sind Ratingagenturen. Sie bewerten die Kreditwürdigkeit von Unternehmen sowie von Staaten. Ihr Ergebnis fassen sie in einem Rating zusammen, das in der Regel von AAA bzw. Aaa (beste Qualität) bis D (zahlungsunfähig) reicht.

Politik und Konjunktur: Was die Börse beeinflusst

Viele Faktoren wirken sich auf die Aktienkurse aus. Neben den Zahlen und Fakten, die ein Unternehmen preisgibt, können auch auf den ersten Blick überraschende Einflüsse häufig zu sehr starken Kursbewegungen führen.

In diesem Kapitel erfahren Sie,

- warum Arbeitsmarktdaten marktrelevant sind,
- welchen Einfluss Import- und Exportdaten haben,
- warum Börsianer stets auf die Notenbankpolitik achten,
- warum Wirtschaftsinstitute regelmäßig Daten publizieren.

Der Arbeitsmarkt

Jeden Donnerstag wiederholt sich das gleiche Szenario. Pünktlich um 14:30 Uhr mitteleuropäischer Zeit warten die Börsianer auf Konjunkturdaten aus den USA, genauer: auf die Erstanträge auf Arbeitslosenhilfe in der weltweit größten Volkswirtschaft. Sie sind für viele Marktteilnehmer ein wichtiger Indikator für die Entwicklung des Aktienmarkts. Was Arbeitsmarktdaten mit dem Aktienmarkt zu tun haben?

Ganz einfach: Die Arbeitsmarktdaten geben einen guten Einblick in den Zustand der (US-)Wirtschaft, denn ein Beschäftigungsaufbau seitens der Unternehmen signalisiert, dass es um die Konjunktur positiv bestellt ist. Verbessert sich die wirtschaftliche Lage, so benötigen die Firmen zusätzliche Mitarbeiter, um einen höheren Auftragseingang bewältigen zu können. Umgekehrt bauen sie im Falle einer negativen Entwicklung Arbeitsplätze ab. Somit ist es wenig verwunderlich, dass die Investorenwelt nicht nur jeden Donnerstag, sondern auch vor jedem ersten Freitag des Monats, wenn die aktuelle Arbeitslosenquote verkündet wird, über die zu erwartenden Zahlen spekuliert und diverse Prognosen austauscht. Denn es gilt, sich möglichst gut seinen Erwartungen entsprechend zu positionieren.

Amerikanische BLS-Arbeitsmarktdaten

Die monatlich in den USA durch das Bureau of Labor Statistics (BLS) veröffentlichten US-Beschäftigungszahlen bilden heute den weltweit wichtigsten Konjunkturindikator. Beim amerikanischen BLS laufen alle Arbeitsmarktstatistiken, die für die US-amerikanische Regierung von Interesse sind, zusammen. Dazu gehören auch internationale Statistiken, die für Vergleichszwecke herangezogen werden.

Bei den US-Arbeitsmarktdaten gilt die Aufmerksamkeit insbesondere den im jeweils vorangegangenen Monat geschaffenen Stellen außerhalb der Landwirtschaft. Ebenso beobachtet werden die Arbeitslosenquote, die Gesamtarbeitsstunden und die Entwicklung der durchschnittlichen Stundenlöhne. Die veröffentlichten Wochenarbeitszeiten unterschiedlicher Wirtschaftszweige geben hierbei wiederum einen Hinweis auf die Entwicklung der persönlichen Einkommen und der Industrieproduktion.

ADP-Arbeitsmarktdaten

Ähnlich interessant wie der offizielle Arbeitsmarktbericht ist für die Anleger der vorab bekannt gegebene Arbeitsmarktbericht des börsennotierten Arbeitsmarktdienstleisters Automatic Data Processing (ADP). Der ADP-Bericht stützt sich auf etwa 430.000 US-Unternehmen mit rund 24 Mio. Beschäftigten und lehnt sich an die Methodik des BLS an, das den offiziellen Arbeitsmarktbericht – unter Einschluss der öffentlichen Beschäftigung – für die USA herausgibt.

Das Unternehmen wurde 1949 in New Jersey gegründet und ist in über 50 Ländern vertreten. ADP arbeitet weltweit für 550.000 Kunden aller Branchen und Größen. Es ist der weltweit führende Anbieter von Services und Lösungen rund um die Entgeltabrechnung und das Personalmanagement. Daher sind die ADP-Daten an der Börse ein viel beachteter Indikator.

Erstanträge auf Arbeitslosenhilfe

Allerdings müssen die Investoren nicht immer einen vollen Monat auf neue marktrelevante Arbeitsmarktdaten warten, denn seit 1967 werden in den USA jeden Donnerstag die bereits erwähnten Zahlen zu den Erstanträgen auf Arbeitslosenhilfe für die vorherige Woche bekannt gegeben. Sie lassen auf die Entwicklung des gesamten US-Arbeitsmarktes schließen. Ganz besondere Aufmerksamkeit schenken die Anleger dem gleitenden Vier-Wochen-Durchschnitt, denn dieser Wert ist weniger schwankungsanfällig und daher aussagekräftiger. Liegt die Zahl der Neuanträge auf staatliche Arbeitslosenversicherung unter 350.000, wird von einer Erholung am Arbeitsmarkt und somit schrumpfenden Arbeitslosenzahlen ausgegangen. Eine Zahl von 400.000 Erstanträgen gilt allgemein als Signal für einen stagnierenden Arbeitsmarkt. Im Bericht wird zudem die Anzahl derer, die dauerhaft Arbeitslosenunterstützung beziehen, sowie die Arbeitslosenquote der Versicherten berücksichtigt.

Erwerbslosenzahlen der Bundesagentur für Arbeit

In Deutschland werden die Erwerbslosenzahlen von der Bundesagentur für Arbeit (BA) in Nürnberg veröffentlicht. Allerdings wirken sich diese Werte bei Weitem nicht in gleicher Weise wie die US-Daten auf die Aktienmärkte aus. Die BA berichtet monatlich über die Arbeitslosigkeit in Deutschland und deren Struktur. Die Arbeitslosigkeit wird sowohl als absolute Zahl als auch als Quote bekannt gegeben.

Die Außenhandelsdaten

Um die wirtschaftliche Entwicklung eines Landes im Verhältnis zu anderen Volkswirtschaften beurteilen zu können, werden Vergleichsdaten herangezogen. So liefern die Außenhandelsdaten, d.h. die Import- und Exportzahlen, wichtige Hinweise auf die Stärke einer Volkswirtschaft im weltweiten Vergleich. Sie veranschaulichen zudem die Abhängigkeiten im internationalen Handel.

> Für das Exportland Deutschland bilden die übrigen Länder Europas trotz der vorangeschrittenen Globalisierung immer noch die mit Abstand wichtigsten Handelspartner.

Als Importe gelten hierbei alle Einfuhren von Waren und Dienstleistungen von Wirtschaftseinheiten, die ihren Wohnsitz außerhalb des jeweiligen Landes haben. Importe des einen Landes entsprechen dabei Exporten des anderen Landes.

In Deutschland werden die Import- und Exportdaten vom Statistischen Bundesamt berechnet, das unter anderem alle Vorgänge statistisch erfasst, bei denen Waren und Dienstleistungen die Landesgrenzen überschreiten. Zu beachten ist jedoch, dass nicht nur Waren und Dienstleistungen international gehandelt werden. Auch die Kapitalströme machen längst nicht mehr an den Landesgrenzen halt.

Die Zahlungsbilanz

Um zu erkennen, ob ein Land mehr importiert oder exportiert hat, werden diese Daten in der Zahlungsbilanz zusammengefasst. Sie beinhaltet alle wirtschaftlichen Transaktionen zwischen dem Inland und dem Ausland innerhalb eines Jahres.

Die Zahlungsbilanz besteht im Wesentlichen aus zwei Unterbilanzen: In der Kapitalbilanz werden die finanziellen Transaktionen zusammengefasst, während die Leistungsbilanz Importe und Exporte von Gütern und Dienstleistungen erfasst.

Die Leistungsbilanz besteht wiederum aus drei Unterbilanzen:

- Die Handelsbilanz stellt die wichtigste Teilbilanz der Leistungsbilanz dar. In ihr werden die Exporte und Importe von Sachgütern (Waren) erfasst.

- Ihre Schwesterbilanz, die Dienstleistungsbilanz, spiegelt alle Exporte und Importe von Dienstleistungen wie Reisen oder Versicherungsleistungen wider.

- Daneben werden in der Leistungsbilanz auch die laufenden Übertragungen aufgelistet. Dies sind Leistungen, denen keine direkte Gegenleistung gegenübersteht. Dazu gehören beispielsweise Überweisungen ausländischer Arbeitnehmer in ihre Heimatländer.

Je nach Saldo ergibt sich demnach ein Leistungsbilanzüberschuss oder –defizit. Dies bedeutet, dass Leistungsbilanzüberschüssen automatisch Leistungsbilanzdefizite anderer Länder gegenüberstehen, womit deren Verschuldung gegenüber dem Ausland steigt. Die dadurch entstehenden Ungleichgewichte gelten als mögliche Ursache der Euro-Krise, da beispielsweise Deutschland aufgrund seiner Exportstärke Leistungsbilanzüberschüsse zu verzeichnen hatte, während der Schuldenberg vor allem der Länder Südeuropas anwuchs.

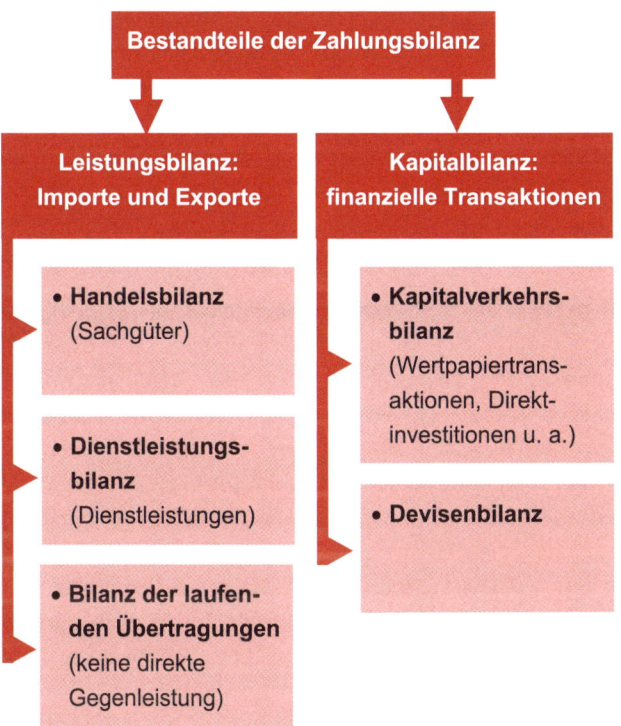

Bestandteile der Zahlungsbilanz

Preisvergleiche

Neben den absoluten Zahlen in den Import- und Exportstatistiken interessieren sich Anleger auch für die Veränderungen der Preise. So werden in den USA jeden Monat die entsprechenden Daten für die Importpreise (außer Rohöl) und die

Exportpreise (außer Agrar) für den vorangegangenen Monat veröffentlicht und in einem Index zusammengefasst. Der Index der Import- und Exportpreise lässt Rückschlüsse auf die globale Wettbewerbsfähigkeit der US-Wirtschaft zu. Diese ist für internationale Anleger eine wichtige Bezugsgröße, da die USA schließlich die weltweit größte Volkswirtschaft und damit wichtigster Handelspartner aller Industrieländer auf dem Globus ist.

Dabei wird ein fixer Warenkorb betrachtet, der etwa 10.000 Export- und 12.000 Importartikel umfasst. Die einzelnen Informationen kommen von über 6.000 Unternehmen. Die Importpreise stehen hierbei für die Preise von in die USA importierten Waren. Die Exportpreise zeigen die Preisspanne zwischen dem Herstellungspreis eines Artikels im Inland und dem Verkaufspreis im Ausland auf. Die Daten sind somit ein Indiz für die US-amerikanische sowie die fremdländische Inflation. Allein 15 % der in den USA verkauften Waren sind Importgüter. Die Exportpreise dienen als Hinweis für die Auslandsnachfrage an US-Gütern. Seit 1989 werden diese Daten monatlich ermittelt.

Der Immobilienmarkt

Im Zuge der weltweiten Finanz- und Wirtschaftskrise von 2007/08 zeigte sich deutlich, welchen Einfluss die Immobilienmärkte auf die globalen Finanzmärkte haben können. In diesem Fall verursachte das Platzen der US-amerikanischen Immobilienblase eine Kettenreaktion, bei der zahllose mit Immobilien gesicherte Kredite wertlos verfielen, wodurch große Finanzinstitute in Bedrängnis gerieten. Später sorgten auch zusammenbrechende Immobilienmärkte in Spanien und Irland für weitere Verwerfungen auf den Finanzmärkten. Denn nach einem jahrelangen Bauboom mit steigenden Immobilienpreisen platzte die Blase in diesen Ländern während der Finanzkrise. Die Banken wiederum kämpften im Anschluss mit zahlreichen faulen Krediten, weil sich z.B. viele Spanier finanziell übernommen hatten und ihre Immobilien nicht mehr oder nur mit enormen Einbußen verkaufen konnten.

Beispiel:

Als Sinnbild für die negativen Folgen der geplatzten Immobilienblase in den USA steht der Niedergang der US-Investmentbank Lehman Brothers, die im September 2008 pleiteging – ein Szenario, das zuvor in der Finanzwelt als ausgeschlossen galt. Weitere Finanzinstitute wie die American International Group (AIG), Fannie Mae, Freddie Mac, UBS oder die Commerzbank konnten nur durch riesige staatliche Kapitalspritzen am Leben erhalten werden. Die Krise beschränkte sich jedoch nicht auf die Finanzwelt, sondern schlug auch direkt auf zahlreiche Unternehmen durch, was zu Insolvenzen und Mitarbeiterentlassungen führte. Ein zusätzliches Problem stellten die Staatshilfen für die Finanzinstitute dar, die die zuvor schon ausufernden Staatsschulden nur noch weiter ins Unermessliche trieben und somit bereits den Boden für die nächste Krise bereiteten.

Aufgrund der Bedeutung der Immobilienmärkte für das gesamte Finanzsystem finden Statistiken wie die sog. MBA-Zahlen zu den US-Hypothekenanträgen bei Anlegern viel Beachtung. Die Mortgage Bankers Association of America, kurz MBA, publiziert diese jeden Mittwoch für die vorangegangene Woche. Diese Daten geben Hinweise auf die Entwicklung des Immobilienmarktes. Befragt werden Sparkassen sowie Hypotheken- und Geschäftsbanken. Der Report deckt etwa 50 % des Hypotheken- und Immobilienmarktes ab. Als Frühindikator für Wohnungskäufe und den Immobilienmarkt im Allgemeinen werden die Daten seit 1990 erhoben.

Der Renten- bzw. Anleihenmarkt

Ein weiterer großer Schauplatz im Börsenspiel, auf den die Anleger blicken, ist der Renten- bzw. Anleihenmarkt. Auf diesem Markt werden Wertpapiere gehandelt, die über ihre gesamte Laufzeit einen unveränderlichen Zinssatz aufweisen, sowie Anleihen mit variablem Zinssatz – also letztlich vermeintlich konservativere und sicherere Finanzprodukte als Aktien.

Eine Anleihe ist ein festverzinsliches Wertpapier zur langfristigen Kreditfinanzierung. Anleihegläubiger haben das Recht auf Rückzahlung des ausgewiesenen Anleihebetrages sowie auf die festgelegte Verzinsung. Zur Verbriefung der Anleiheforderungen werden Papiere mit festem oder variablem Zins und fester Laufzeit ausgegeben. Der Verkauf erfolgt über Banken und Sparkassen. Neben der „klassischen" Festzinsanleihe gibt es Schuldverschreibungen, die man als Zwischenformen betrachten kann: Wandelanleihen, Optionsanleihen, Gewinnobligationen und Genussscheine. Der Schuldner (Emittent) erhält am Primärmarkt (primary market) von den Gläubigern, im Austausch gegen Schuldverschreibungen (Bonds), befristet Kapital. Die emittierten Papiere können am Sekundärmarkt (secondary market) weiterverkauft werden.

Die Handelsvolumina, d.h. die Mengen der gehandelten Wertpapiere, von Anleihen auf dem internationalen Rentenmarkt sind im Vergleich zum Aktienmarkt deutlich höher. Die Anlage in festverzinsliche Wertpapiere gilt im Vergleich zu Aktien weiterhin als konservative Geldanlage, da das Verlustrisiko deutlich geringer ist. Folglich gelten Phasen hoher Anleihezinsen traditionell als schlecht für Aktien, da viele Anleger die Möglichkeit nutzen, bei niedrigem Risiko einen vergleichweise hohen Zins zu vereinnahmen, anstatt in risikoreichere Aktien zu investieren. In Zeiten einer Euro-Schuldenkrise schrumpft dieser Vorteil jedoch deutlich. Denn für den Anleger ist aufgrund der ausufernden Schulden vieler Staaten das Risiko gestiegen, dass Zinszahlungen ausbleiben und er anders als früher gewohnt bei Ablauf einer Anleihe sein Geld nicht in voller Höhe zurückerhält.

Beispiel:

 Waren noch vor zehn Jahren Staatsanleihen (süd-)europäischer Länder eine sichere Bank, so sind sie heute teilweise durchaus schon als hochspekulative Papiere im Bereich der Anleihen zu bezeichnen.

Die Zentral- und Notenbanken

Neben Daten zum Wirtschaftswachstum, dem Arbeits- oder Immobilienmarkt sowie dem Außenhandel beachten die Anleger dieser Welt auch stets sehr aufmerksam die Aussagen der Vorsitzenden großer Notenbanken wie der amerikanischen Federal Reserve (Fed) oder der Europäischen Zentralbank

(EZB). Die geldpolitischen Entscheidungen dieser Institute sorgen häufig für starke Bewegungen am Aktienmarkt.

Beispiel:

 Kündigt die EZB eine Leitzinssenkung an, impliziert dies beispielsweise günstigere Finanzierungskosten für die Unternehmen und damit eine verbesserte Geschäftstätigkeit sowie wahrscheinlich steigende Kurse.

Es gibt verschiedene Zinssätze, mithilfe derer die Zentralbanken in das Wirtschaftsgeschehen eingreifen können. Solche sog. Leitzinsen geben an, unter welchen Bedingungen sich Kreditinstitute bei Noten- und Zentralbanken Geld leihen können. Wenn die Konjunktur schwächelt, kann eine Zentralbank die Leitzinsen senken und somit die Refinanzierungskosten für die Kreditinstitute verbilligen. Damit verbindet sich die Hoffnung, dass die Banken diese verbesserten Konditionen an die Unternehmen weitergeben, die Kredite für die Durchführung ihrer Projekte benötigen. Hauptaufgabe der Notenbanken – zumindest der Theorie nach – ist es jedoch nicht, für eine Ankurbelung der Wirtschaft zu sorgen, sondern ein stabiles Preisniveau herzustellen und die Inflationsrate niedrig zu halten.

Unter Inflation versteht man signifikante Preisniveausteigerungen von Konsum- und Investitionsgütern. Eine übermäßige Preissteigerungsrate führt dazu, dass das Geld, das jeder Einzelne zur Verfügung hat, entwertet wird. Man spricht deshalb auch von Kaufkraftverlust. Die Zentralbanken sollen solchen Fehlentwicklungen entgegenwirken.

Dabei sind die Leitzinsen die wichtigsten Instrumente der Notenbanken, mit denen sie eine zu hohe Inflationsrate zu verhindern suchen. Doch Leitzins ist nicht gleich Leitzins.

Die Europäische Zentralbank (EZB)

In der Eurozone beispielsweise ist der sog. Hauptrefinanzierungssatz der wichtigste Leitzins. Dieser wird im Rahmen der sog. Hauptrefinanzierungsgeschäfte erhoben. Zu diesem Zinssatz können sich die Banken der Eurozone bei der EZB längerfristig, in der Regel bis zu zwei Wochen, Geld leihen bzw. ertauschen. Dabei handelt die Notenbank ähnlich wie eine Bank in der freien Marktwirtschaft. Das Geld der Notenbank erhalten die Finanzinstitute nur gegen die Hinterlegung von Sicherheiten wie z. B. Wertpapieren.

Zusätzlich sind der Spitzenrefinanzierungssatz sowie der Einlagesatz von Bedeutung:

- Der Spitzenrefinanzierungssatz wird von der EZB erhoben, wenn sich eine Bank aus der Eurozone kurzfristig Geld leihen möchte. Kurzfristig heißt in diesem Fall: für einen Tag, weshalb diese Form der Geldbeschaffung auch als Übernachtkredit oder Overnight-Money bezeichnet wird. Auch in diesem Fall muss die sich Geld leihende Geschäftsbank Sicherheiten bei der EZB hinterlegen.

- Der Begriff Einlagesatz bezeichnet die Verzinsung, die eine Geschäftsbank erhält, wenn sie kurzfristig Geld bei der EZB anlegen möchte. Auch hierbei handelt es sich aufgrund seines kurzfristigen Charakters um Overnight-Money.

Bank of England (BoE)

Bei der Bank of England steht die Repo Rate im Mittelpunkt des Interesses. Der Begriff ist die englische Kurzform für Sale and Repurchase Agreement Rate und bezeichnet den Zinssatz für Rückkaufvereinbarungen. Die englischen Geschäftsbanken können der Bank of England Wertpapiere verkaufen und so einen Kredit erhalten. Bei der Rückerstattung der Wertpapiere an die Geschäftsbank durch die Bank of England wird ein Zinssatz, die Repo Rate, fällig, den die britische Notenbank erhält.

Federal Reserve System (Fed)

In den USA übernimmt bei einer Zinsänderung in der Regel die Federal Funds Rate die Funktion des sog. Leitzinses. Zu diesem Zinssatz können sich US-Geschäftsbanken untereinander kurzfristig Geld leihen, um ihren Verpflichtungen gegenüber der Fed nachzukommen. Dies setzt eine geringe Geldeinlage, die sog. Mindestreserve, voraus. Kurzfristig können sich US-Geschäftsbanken somit gegenseitig Kredite geben, um ihr Soll bei der amerikanischen Notenbank, der Fed, zu erfüllen. Daneben ist auch der Diskontsatz ein wichtiger Parameter. Dieser ist der Zinssatz, zu dem Geschäftsbanken Wechsel an die Zentralbank verpfänden können, um so für Liquidität zu sorgen.

Im Zuge der Finanzmarktturbulenzen haben wir vor allem im Fall der US-Notenbank Federal Reserve noch weitere wichtige geldpolitische Instrumente kennengelernt, die zur Steuerung der Zinsen und der Wirtschaft verwendet werden können. Besonders hervorzuheben ist hier die Politik des „Quantitative Easing" (QE). QE kommt in der Regel zum Einsatz, wenn die Leitzinsen bereits auf oder nahe null Prozent gesenkt wurden, die wirtschaftliche Lage jedoch eine weitere geldpolitische

Lockerung seitens der Zentralbank erfordert. Zwar wird QE umgangssprachlich auch als Gelddrucken bezeichnet, allerdings kauft hierbei die Zentralbank Wertpapiere von Geschäftsbanken und bläht damit ihre Bilanz auf. Gleichzeitig versorgt sie die Wirtschaft mit dem benötigten Geld.

Die Wirtschaftsinstitute

Neben dem Statistischen Bundesamt und den Landesstatistikbehörden, die entweder direkt oder indirekt der jeweiligen Landesregierung unterstellt sind, versorgen eine ganze Reihe privater Wirtschaftsinstitute die Anleger mit nützlichen und viel beachteten Indikatoren für die zukünftige Entwicklung der Wirtschaft.

In Deutschland wird vor allem dem ifo-Geschäftsklimaindex des ifo-Instituts für Wirtschaftsforschung an der Universität München, den ZEW-Konjunkturerwartungen des Zentrums für Europäische Wirtschaftsforschung in Mannheim und dem GfK-Konsumklimaindex der Nürnberger Gesellschaft für Konsumforschung Beachtung geschenkt. Diese Institute veröffentlichen natürlich auch eine ganze Reihe weiterer Statistiken und Wirtschaftsanalysen, doch im täglichen Börsengeschäft haben sich die drei genannten monatlichen Bekanntmachungen fest in den Kalender der Investoren eingebrannt.

ifo-Institut für Wirtschaftsforschung

Das im Januar 1949 gegründete ifo-Institut ist eines der führenden Wirtschaftsforschungsinstitute in Europa und zugleich das in den deutschen Medien am häufigsten zitierte. Durch einen Kooperationsvertrag ist es mit der Ludwig-Maximilians-Universität München verbunden und hat seit 2002 den Status eines „Instituts an der Universität München" inne. Das Institut sieht sich als europäischer Think Tank, der eine Brücke zwischen akademischer Forschung und praktischer Politik schlägt.

Der seit 1972 ermittelte ifo-Geschäftsklimaindex, auch ifo-Index genannt, gilt als Frühindikator für die konjunkturelle Entwicklung in Deutschland. Als Grundlage dienen etwa 7.000 monatliche Einschätzungen von Unternehmen des verarbeitenden Gewerbes, des Bauhauptgewerbes sowie des Groß- und Einzelhandels. Die Unternehmen werden gebeten, ihre aktuelle Geschäftslage zu beurteilen und ihre Prognosen für die nächsten sechs Monate abzugeben.

Je höher der monatlich erscheinende Index ausfällt, desto freundlicher stellt sich die Stimmung in der Wirtschaft dar. Dabei werden die einzelnen Branchen nach ihrer Bedeutung gewichtet. Dem Index kommt eine besondere Relevanz bei der Prognose von Trendwenden im Wirtschaftswachstum zu. Allerdings wird eine Trendwende nur dann erwartet, wenn sich der Index drei Monate nacheinander in die gleiche Richtung bewegt.

ZEW-Institut

Auch die seit Dezember 1991 ermittelten ZEW-Konjunkturerwartungen gelten als wichtiger Frühindikator für die konjunkturelle Entwicklung in Deutschland. Dieser Index wird
vom ZEW-Institut (Zentrum für Europäische Wirtschaftsforschung GmbH) in Mannheim ermittelt. Es wurde auf Initiative
der baden-württembergischen Landesregierung, der Wirt-
schaftsunternehmen des Landes und der Universität Mannheim gegründet und nahm im April 1991 die Arbeit auf.
Seitdem hat sich das ZEW als eines der führenden deutschen
Wirtschaftsforschungsinstitute mit hoher europäischer Repu-
tation etabliert.

Zur Ermittlung der Konjunkturerwartungen beteiligen sich
monatlich bis zu 350 Finanzexperten an der ZEW-Umfrage.
Dabei werden Fragen zur künftigen Wirtschaftsentwicklung in
Deutschland auf Sicht von sechs Monaten gestellt. Abgefragt
werden auch die Erwartungen für die Eurozone, Japan, Groß-
britannien und die USA. Der historische Mittelwert des Index
der ZEW-Konjunkturerwartungen liegt bei 27,5 Punkten. Alle
Ergebnisse unter dieser Schwelle sind daher tendenziell als
negativ zu werten.

GfK

Der seit 1980 ermittelte GfK-Konsumklimaindex ist ein weiterer wichtiger Wegweiser für die konjunkturelle Entwicklung
in Deutschland. Er ist ein Indikator für das Konsumverhalten
der deutschen Verbraucher, die mit ihren Einkäufen zur wirtschaftlichen Belebung beitragen.

Die GfK (Gesellschaft für Konsum-, Markt- und Absatzfor-
schung) ist eines der größten Marktforschungsunternehmen
der Welt. Ihre über 11.000 Mitarbeiter/innen erforschen, wie
Menschen leben, denken und konsumieren, und versorgen
Unternehmen mit Wissen über ihre Kunden. Da Konsum ein
wichtiger Faktor für eine Volkswirtschaft ist, werden solche
Daten auch in Deutschland beobachtet.

Um den GfK-Konsumklimaindex zu ermitteln, werden 2.000
Verbraucherinterviews mit Personen ab 14 Jahren in Deutschland geführt. Diese werden nach ihren Einkommens- und
Konsumerwartungen/ihrer Anschaffungsneigung auf Sicht
von 12 Monaten befragt. Abgefragt wird darüber hinaus
auch ihre Spareigung. Die daraus resultierenden Daten dienen aber nicht nur der Ermittlung des GfK-Konsumklimaindex
selbst, sondern sind ebenso Grundlage für die deutsche Kom-
ponente des EU-Verbrauchervertrauens, ein europäischer
Konsumklimaindex, der von der europäischen Statistikbehörde
Eurostat veröffentlicht wird.

Auf einen Blick: Was die Börse beeinflusst

- In festen Abständen melden Statistikbehörden Konjunkturdaten. Sie geben z. B. Aufschluss über die Entwicklung des Arbeitsmarkts und die Export- und Importzahlen eines Landes.

- Fast alle Konjunkturdaten führen zu Reaktionen am Aktien- oder am Anleihenmarkt. Vor allem die US-Konjunkturdaten bewegen Kurse.

- Eine bedeutende Rolle im internationalen Finanzsystem kommt den Noten- und Zentralbanken zu. Ihre Fiskalpolitik und Leitzinsentscheidungen geben oftmals wichtige Impulse für die Aktienmärkte. Der Leitzins ist das zentrale geldpolitische Instrument einer Notenbank.

- Ein weiterer wichtiger Einflussfaktor auf den Aktienmarkt sind Wirtschaftsinstitute und deren viel beachtete Indikatoren. Ihre große Bedeutung erkennt man daran, dass die nationalen oder internationalen Finanzmärkte unmittelbar auf die Veröffentlichung dieser Daten reagieren.

Die Börsenkurse

Überall in den Medien stoßen wir auf Kursverläufe einzelner Aktien oder von Indizes wie dem DAX. Jedoch können selbst Börsenprofis manchmal ins Stottern geraten, wenn sie danach gefragt werden, wie denn diese Kurse eigentlich zustande kommen.

In diesem Kapitel erfahren Sie,

- wie ein (Aktien-)Kurs entsteht,
- wie eine Kursfeststellung funktioniert,
- wie An- und Verkauf von Aktien vonstatten gehen,
- was es mit dem Orderbuch und der Ausführung auf sich hat.

Bid und Ask

Sie wissen nun schon, dass an den Börsen der Preis (Kurs) dafür sorgt, dass sich Angebot und Nachfrage nach Wertpapieren ausgleichen. Damit allerdings ein Kurs entstehen kann, sind einige Schritte erforderlich, bei denen die Börsenmakler und das sog. Orderbuch eine ganz entscheidende Rolle spielen. Zunächst sammeln die Börsenmakler die Kauf- und Verkaufsaufträge (engl. „Orders") der Anleger im Orderbuch.

Wie kommt es zu solchen Aufträgen? Hier ist es zunächst einmal wichtig zu wissen, dass an der Börse Erwartungen gehandelt werden. Diese können sich auf die zukünftige Entwicklung eines Unternehmens und dessen Geschäftszahlen beziehen, auf das Wirtschaftswachstum, die zukünftige Zinspolitik der internationalen Notenbanken, die Preisentwicklung bei Rohstoffen, auf Sieg oder Niederlage einer politischen Partei und sogar auf das Wetter, das ebenfalls Einfluss auf den Aktienkurs eines Konzerns haben kann.

Beispiel:

 Das Wetter kann eine Rolle spielen, wenn ein Konzern in der Ölbranche tätig ist und seine Plattformen im Atlantik durch Hurrikane zerstört oder in ihrem Produktionsablauf beeinträchtigt werden.

Da die Menschen verschieden sind, haben sie auch unterschiedliche Erwartungen an den Wert eines Unternehmens, weshalb die Kauf- und Verkaufsangebote sehr vielfältig ausfallen können.

Bei den im Orderbuch gesammelten Aufträgen bildet der sog. Geldkurs (engl. „Bid") den maximalen Preis, zu dem Käufer noch bereit sind, das Papier zu erwerben. Der Briefkurs (engl. „Ask") stellt den minimalen Preis dar, zu dem Verkäufer bereit sind, das Wertpapier zu verkaufen. Die Differenz zwischen diesen beiden Kursen wird als Spread bezeichnet, wobei der ermittelte Preis, zu dem das Wertpapier den Besitzer wechselt, immer zwischen Geld- und Briefkurs liegen muss und letztlich den Aktienkurs bildet.

Market Makers und Designated Sponsors

Die Aufgabe, einen Aktienkurs schließlich festzulegen, fällt dem Börsenmakler zu. Dazu wählt er denjenigen Preis aus, der aus den vorhandenen Kauf- und Verkaufsgeboten den höchstmöglichen Umsatz generiert – jenen Preis also, bei dem die meisten Aufträge erfüllt werden können. Da der Börsenmakler immer wieder neue Aufträge erhält und somit ein ständiger Handel zwischen Käufern und Verkäufern stattfindet, bleibt der Aktienkurs nicht starr, sondern zeigt Ausschläge nach oben und unten. Als Ergebnis erhalten wir zu verschiedenen Zeitpunkten ganz verschiedene Aktienkurse. Auf diese Weise entstehen auch die Kursverläufe, die mithilfe von Charts dargestellt werden. Vereint man wiederum die Aktienkurse der einzelnen Aktien, erhält man einen Index wie den DAX.

Damit wird deutlich, dass ein Wertpapierhandel nur stattfinden und der Aktienkurs sich verändern kann, wenn es sowohl einen Käufer als auch einen Verkäufer gibt. Folglich wird es in der Regel auch verschiedene Meinungen über die erwartete Entwicklung eines Aktienkurses geben, sofern nicht andere Beweggründe zum Handel führen.

Beispiel:

 Ein anderer Grund, warum Käufer und Verkäufer zusammenkommen, könnte sein: Ein Anleger erwartet zwar einen steigenden Kurs und möchte die Aktie halten, ist jedoch gezwungen, sich Liquidität zu beschaffen, und muss deshalb verkaufen.

Illiquide Wertpapiere

Was geschieht jedoch, wenn es bei einem Wertpapier keine Gründe gibt, die Käufer und Verkäufer zusammenführen? Dieser Fall ist gar nicht so ungewöhnlich, denn vor allem die Aktien kleinerer Unternehmen aus der zweiten und dritten Reihe werden seltener gehandelt, wodurch ihre Liquidität (Handelbarkeit) leidet.

Market Makers schaffen Abhilfe

Hier kommen die sog. Market Makers ins Spiel. Sie sind professionelle Börsenhändler, die die Liquidität vernachlässigter Wertpapiere sicherstellen sollen, indem sie kontinuierlich Geld- und Briefkurse für Aktien, Anleihen, Devisen, Optionen usw. stellen. Solche Market Makers können Banken oder Broker sein. Sie übernehmen ihre Tätigkeiten im Auftrag der Börsenbetreiber und erhalten im Gegenzug z. B. Nachlässe auf die zu zahlenden Handelsgebühren.

Market Makers fragen gleichzeitig größere Mengen von Wertpapieren zu einem (relativ niedrigeren) Geldkurs nach und bieten Wertpapiere zu einem (relativ höheren) Briefkurs an, wodurch sie die Preisfindung der betreffenden Wertpapiere ermöglichen. Dadurch verhindern sie Ungleichgewichte zwischen Angebot und Nachfrage. Ein willkommener Nebeneffekt für die Börsenbetreiber besteht darin, dass auf diese Weise ihre Attraktivität gesteigert wird.

Die Inanspruchnahme der Dienstleistung des Market Maker bietet auch noch weitere Vorteile: Beispielsweise haben die Marktteilnehmer unabhängig von der Marktlage stets einen Partner für den sofortigen Abschluss eines Geschäfts. Zudem gibt es keine Zweifel an der Bonität der Market Makers, und sie garantieren marktgerechte Kurse. Dieses kontinuierliche Stellen von Kursen wird dabei heutzutage fast ausschließlich von Computerprogrammen übernommen. Dabei kommen die sog. Quote-Machines zum Einsatz.

Designated Sponsors: Hilfe für Emittenten

Auch die im XETRA-Handelssystem tätigen Designated Sponsors sind für die Bereitstellung ausreichender Liquidität im fortlaufenden Handel verantwortlich. Jedoch unterscheiden sie sich von einem Market Maker, da sie ihre Aufgabe im Auftrag des Emittenten erfüllen. Die Liquidität ist eine ganz wichtige Voraussetzung für einen gesicherten fortlaufenden Handel. Auch ist sie eine Grundvoraussetzung für die marktgerechte Bewertung von Aktien. Für einen Anleger bedeutet sie, dass er eine Aktie eines Unternehmens zu jeder Handelszeit zu einem fairen Preis kaufen und verkaufen kann. Ist eine Aktie nicht ausreichend liquide, wird ein Designated Sponsor eingeschaltet, der mit Käufen und Verkäufen auf eigene Rechnung für Liquidität sorgt. Er muss vom Aktien-Emittenten beauftragt werden. Dieses sind meistens Bankinstitute oder Finanzdienstleister, die sehr oft das jeweilige börsennotierte Unternehmen auch in anderen finanziellen Bereichen betreuen. Oft informieren die Designated Sponsors, die den Emittenten des Wertpapiers beim Börsengang begleitet haben, den Finanzmarkt nach dem erfolgreichen Börsenstart regelmäßig mit Analysen und Research-Material über das jeweilige Unternehmen.

Ab welchem Zeitpunkt gilt ein Papier als illiquide?

Zwei Kriterien sind hierfür entscheidend: zum einen der durchschnittliche Orderbuchumsatz, ermittelt anhand des Tagesumsatzes auf XETRA der vergangenen vier Monate, und zum anderen das XETRA-Liquiditätsmaß (XLM). Dieses zeigt die impliziten Transaktionskosten und ermöglicht den Vergleich von Wertpapieren anhand ihrer Handelskosten. Dahinter verbirgt sich der Gedanke, dass die Handelskosten bei weniger liquiden Papieren höher sind. Weist das entsprechende Wertpapier einen Orderbuchumsatz von mindestens 2,5 Mio. EUR pro Tag auf, so gehört es zur Liquiditätskategorie A. Bei Werten dieser Kategorie wird angenommen, dass sie immer liquide und zu marktgerechten Preisen ohne zusätzliche Unterstützung handelbar sind. Werte mit geringerem Orderbuchumsatz oder einem XLM oberhalb von 100 Basispunkten fallen in die Kategorie B und benötigen mindestens einen Designated Sponsor.

Orderarten

Bei der Abgabe ihrer Angebote versehen die Käufer und die Verkäufer ihre Aufträge mit bestimmten Zusätzen. Dadurch soll sichergestellt werden, dass niemand eine Aktie zu einem Kurs kauft oder verkauft, zu dem er eigentlich nicht handeln wollte. Dabei unterscheidet man zwischen der Market-Order und der Limit-Order. Der Anleger muss vor der Abgabe einer Order über die Orderart (Kauf oder Verkauf), das betreffende Wertpapier (Wertpapierkennnummer, WKN), Stückzahl, Börsenplatz, Limit und den Gültigkeitszeitraum des Auftrags entscheiden:

- Eine Market-Order wird zum bestmöglichen Kurs ausgeführt. Sind es „Billigst"-Kaufaufträge, so werden die Papiere zum geringstmöglichen Kurs gekauft. Im Falle von „Bestens"-Verkaufsaufträgen werden die Papiere zum höchstmöglichen Kurs verkauft.

- Bei einer Limit-Order dagegen gibt der Investor eine Ober- oder Untergrenze für den Preis an, bis zu der der Auftrag ausgeführt werden soll. Eine der wichtigsten Begrenzungsformen für Privatinvestoren ist der Stopp-Zusatz.

> Das Stopp-Instrument soll den Anleger vor möglichen Verlusten schützen oder aufgelaufene Gewinne sichern. Eine Stopp-Order ist ein Auftrag, Aktien zu kaufen oder zu verkaufen, sobald sie auf einen vorher festgelegten Preis sinken oder steigen, den sog. Stoppkurs. Ist dieser Kurs erreicht, geht der Auftrag als normale Market-Order in das Orderbuch über und wird zum bestmöglichen Preis ausgeführt.

Weitere Zusätze beziehen sich z. B. darauf, ob eine Order gesplittet werden darf oder nicht. Es kann vorkommen, dass

ein Anleger 100 Stück einer bestimmten Aktie erwerben
möchte, während zu seinen Konditionen womöglich nur
50 Stück erhältlich sind. In diesem Fall muss er vorher festlegen, wie verfahren werden soll, d. h., ob er die Transaktion
trotzdem durchführen lassen möchte oder nicht. Fill or Kill
(FOK) bezeichnet dabei die Variante eines limitierten Auftrags,
bei dem selbiger nur sofort und vollständig ausgeführt wird.
Ist das nicht möglich, wird die Order komplett gelöscht. Diese
Variante stellt gleichzeitig eine Kombination aus folgenden
Orderzusätzen dar:

- All or nothing bzw. All or none (AON): Mit diesem Zusatz
  werden Teilausführungen vermieden, wobei entweder die
  komplette Stückzahl akzeptiert wird oder die Order gelöscht wird.

- Immediate or cancel (IOC): Mit diesem Zusatz drückt der
  Anleger aus, dass ein Auftrag sofort ganz oder teilweise
  ausgeführt werden soll. Weitere Teilausführungen gibt es
  hierbei nicht, da nicht sofort ausführbare Teilaufträge
  gelöscht werden.

Das Orderbuch und die Ausführung

Natürlich darf man sich die Kursfeststellung in einem Orderbuch heutzutage nicht in der Form vorstellen, dass ein Börsenmakler die Aufträge in seinen Notizblock schreibt. Das war
vor hundert Jahren noch gut möglich. Heute haben die
Computer die Macht an den Börsen übernommen, auch an
den noch vorhandenen Präsenzbörsen dieser Welt. An den

Computerbörsen wie XETRA oder NASDAQ führen Computer die Orders vollkommen eigenständig aus, sobald passende Aufträge vorhanden sind.

Ein Orderbuch ist nichts, was ausschließlich den Augen des Börsenmaklers vorbehalten wäre. Zudem gibt es verschiedene Formen von Orderbüchern. So ist z.B. das offene Orderbuch für alle Handelsteilnehmer, also auch für den Kleinanleger, sichtbar, u.a. im Internet.

Das offene Orderbuch verzeichnet die zehn besten Kauf- und Verkaufslimits mit kumulierten (aufaddierten) Stückzahlen sowie die Anzahl der Aufträge bei diesem Limit für ein bestimmtes Wertpapier. Dabei dienen, neben den ausgewiesenen Daten zu Bids und Asks, optische Unterstützungen wie Balkendiagramme als weitere Hilfen zur Beurteilung der aktuellen Stimmung rund um eine Aktie. Grüne Balken stehen hierbei für die eingestellten Kaufangebote, rote Balken für Verkaufsangebote. Gemeinsam veranschaulichen sie, wohin der kurzfristige Trend gehen könnte.

Die wichtigsten Spalten im Orderbuch sind Bids und Asks. Dort stehen die Limits der aufgegebenen Orders. In der Bid-Spalte sind die Kaufangebote verzeichnet, auch „Geld" genannt. Dies sind die zehn höchsten Preise, zu denen Marktteilnehmer derzeit bereit sind, die Aktie zu kaufen. In der Spalte mit den Asks, auch „Brief" genannt, sind die zehn höchsten Verkaufsangebote verzeichnet, zu denen Marktteilnehmer bereit sind, die Aktie zu verkaufen. Bid und Ask ergeben zusammen die Handelsspanne eines Wertpapiers.

Zusätzlich zu der Höhe der Kauf- und Verkaufsangebote findet man im XETRA-Orderbuch das Volumen der Bids und Asks („Bid Vol" und „Ask Vol"), d. h. die aufaddierte Stückzahl an Aktien zu diesem Preis. Außerdem wird angegeben, aus welcher Anzahl an Kauf- und Verkaufsaufträgen („Bid Anz." und „Ask Anz.") sich das Volumen zusammensetzt. Dies ist besonders dann wichtig, wenn ein großer Marktteilnehmer viele Aktien kaufen oder verkaufen möchte. Ohne den Ausweis der Anzahl an Kauf- und Verkaufsaufträgen könnte man den Eindruck gewinnen, besonders viele Marktteilnehmer würden eine bestimmte Einschätzung teilen.

Beispiel:

Der bekannteste Vertreter der offenen Orderbücher ist das XETRA-Orderbuch der Deutschen Börse AG, ein offenes, anonymes Orderbuch, das auch Privatanlegern zugänglich ist. Mithilfe dieses Orderbuchs können die Anleger anhand der Anzahl der eingestellten Kauf- bzw. Verkaufsaufträge noch besser abschätzen, wohin sich eine Aktie kurzfristig bewegen wird. Somit können sie ihre Order geschickt platzieren und zusätzliche Vorteile generieren. Außerdem erhalten sie auf diese Weise eine gute Vorstellung von der Handelbarkeit von Nebenwerten, bei denen es aufgrund geringerer Bekanntheit und Umsatzmengen schwierig sein kann, passende Handelspartner zu finden.

Andere Orderbücher wie das Orderbuch für Iceberg Orders sind dagegen nur teilweise oder nur für bestimmte Personengruppen sichtbar. Die Iceberg Order ermöglicht Marktteilnehmern die Einstellung von Orders mit großem Volumen in das Orderbuch, ohne das Gesamtvolumen der Order preiszugeben. Dies ist besonders für institutionelle Anleger wie Banken interessant, da ihre Orders in der Regel wesentlich größer ausfallen als diejenigen von Kleinanlegern. Könnten beispielsweise große Verkaufsaufträge jederzeit von allen Marktteilnehmern eingesehen werden, so könnte dies zu verstärkter Panik und weiterem Verkaufsdruck führen.

In unserer schnelllebigen Zeit entscheiden bisweilen Minuten und sogar Sekunden über Erfolg und Misserfolg. Dies gilt vor allem für die Börse. Somit kommt der raschen Orderausführung, also der tatsächlichen Umsetzung einer Kauf- oder Verkaufsorder des Kunden, eine ganz besondere Bedeutung zu. Falls die Orderausführung zu viel Zeit in Anspruch nimmt, können die Informationen, die zur Einstellung der Order geführt haben, bereits überholt sein und der Anleger muss einen Handel tätigen, den er nicht angestrebt hatte. Besonders wichtig ist die rasche Orderausführung in Zeiten plötzlicher Kursexzesse, wenn z.B. eine Aktie oder ein ganzer Markt von Kurseinbrüchen betroffen ist. Aber auch wenn ein Anleger in sehr „hebelstarken" Anlagen wie Optionsscheinen investiert, können zuweilen Minuten über Gewinn und Verlust entscheiden.

Auf einen Blick: Die Börsenkurse

- Der Preis für ein an der Börse gehandeltes Wertpapier wird als Börsenkurs bezeichnet. Er wird anhand der vorliegenden Kauf- und Verkaufsorders ermittelt.

- Unterschieden wird dabei zwischen Brief- und Geldkurs. Als Briefkurs (Bid) bezeichnet man den Kurs, zu dem ein Marktteilnehmer sein Wertpapier verkaufen will. Er steht dem Geldkurs (Ask) gegenüber, den ein Marktteilnehmer bereit ist, für ein Wertpapier zu zahlen.

- Um die Ausführung einer Order am Aktienmarkt nicht dem Zufall zu überlassen und unerwünschten Resultaten vorzubeugen, gibt es eine Reihe unterschiedlicher Orderarten und Orderzusätze, mit denen der Auftraggeber genau festlegen kann, wie sein Auftrag ausgeführt werden soll.

Die Anlageformen

Die Finanzmärkte bieten Investoren viele Möglichkeiten, ihr Geld anzulegen: Die Produktpalette reicht dabei von Aktien über Anleihen und Fonds/ETFs bis zu Derivaten und allen erdenklichen Spezialanlagen.

In diesem Kapitel erfahren Sie,

- welches die wichtigsten Anlageklassen sind,
- mit welchem Risiko die verschiedenen Anlageformen verbunden sind,
- welche Rendite Sie erzielen können.

Aktien

Ein Anleger, der beschließt, sein Vermögen in Aktien anzulegen, steht vor einer beeindruckenden Menge an Anteilsscheinen großer oder kleiner Unternehmen. Vor der Auswahl einzelner Titel muss er zunächst entscheiden, ob er sich auf den heimischen Markt konzentrieren möchte oder einen Teil seines Geldes in ausländische Aktien anlegt. Letzteres kann durchaus vorteilhaft sein, wie wir im Abschnitt „Fonds und ETFs" sehen werden, denn Diversifikation, also die Streuung des Kapitals über möglichst viele Aktien, Branchen und geographische Regionen, senkt das Risiko eines Portfolios.

Bei einer Investition in Aktien erhalten Aktionäre in der Regel eine Aussicht auf jährliche Dividendenausschüttungen. Jedoch hängt die Höhe der Dividende vom Geschäftserfolg des Unternehmens ab. Dieser schwankt womöglich stark mit der Konjunktur oder aber reagiert nur wenig auf eine Veränderung der gesamtwirtschaftlichen Lage. So kann es vorkommen, dass in schlechten Jahren die Dividende gekürzt wird oder sogar ganz ausbleibt. Zudem gibt es Fälle, in denen die Unternehmen aus grundsätzlichen Erwägungen heraus keine Dividende auskehren, sondern die Unternehmensgewinne in das zukünftige Wachstum investieren. So verzichtete beispielsweise Apple zwischen 1995 und 2012 auf Dividendenzahlungen.

Blue-Chips

Sehr häufig beschränken sich Investoren auf die sog. Blue-Chips. Dieser Begriff steht für große, substanzstarke Unternehmen, die eine aufgeräumte Bilanz, eine geringe Verschuldungsquote sowie häufig eine führende Position in ihrer Branche, aber auch eine nachhaltige Dividendenpolitik vorweisen können. Solche Unternehmen haben zudem in der Regel größere Chancen, wirtschaftlich schwierige Zeiten halbwegs unbeschadet zu überstehen. Darüber hinaus wird über die großen Unternehmen ständig in den Wirtschaftsnachrichten sowie in Analystenbewertungen berichtet, weshalb ihren Anteilseignern umfangreiche Informationen über die Entwicklung der eigenen Geldanlage zur Verfügung stehen. Die Investition in Blue-Chips kann somit hohe Ertragschancen bieten und sorgt gleichzeitig für einen Risikopuffer in Krisenzeiten. In solchen Konjunkturphasen können Blue-Chip-Unternehmen in der Regel mit Dividendenzahlungen punkten, die die rückläufigen Aktienkurse zumindest teilweise aufwiegen.

Doch der Kauf von Aktien der großen DAX-Konzerne oder anderer wichtiger Indizes muss nicht die allerbeste Anlage darstellen. Zwar sind Blue-Chips wesentlich häufiger in den Finanznachrichten und Analystenkommentaren vertreten, allerdings bedeutet das noch lange nicht, dass Papiere der zweiten oder dritten Reihe gänzlich chancenlos wären. Vielmehr bieten die häufig übersehenen Werte abseits der Standardaktien oft sogar noch bessere Renditechancen.

Nebenwerte

Für die sog. Nebenwerte spricht die Tatsache, dass sie langfristig deutlich bessere Wachstumsaussichten aufweisen können als die großen Blue-Chips, denn schließlich gehen sie von einer wesentlich niedrigeren Basis aus. Während die Verdopplung des Börsenwertes eines großen Blue-Chips, der eine Kapitalisierung von 100 Mrd. Euro aufweist, sehr schwer zu bewerkstelligen ist, kann sich dieser Vorgang bei einem Unternehmenswert in Millionenhöhe wesentlich leichter und schneller vollziehen.

Jedoch erweist sich die Suche nach den zukünftigen Blue-Chips unter den Nebenwerten in der Regel als sehr schwierig. Vor allem internationale, aber auch heimische Nebenwerte werden von den Investoren oft gemieden: Ihre Zahl ist einfach zu groß und die Verfügbarkeit von Informationen über sie aufgrund der dünnen Nachrichtenlage zu gering. Der Wunsch, die noch unentdeckten Perlen aus der zweiten Reihe zu finden, endet dann häufig in der Suche nach der berühmten Stecknadel im Heuhaufen.

Die gehandelten Volumina bei Nebenwerten sind daher in der Regel deutlich geringer als bei Standardwerten. Daraus ergibt sich, dass der Kauf oder Verkauf einzelner Positionen zu großen Preisbewegungen führen kann. Daher sind Nebenwerte oft einer wesentlich größeren Volatilität (Schwankungsbreite) als Standardwerte unterworfen. Hieraus ergeben sich für den Investor auf der einen Seite größere Chancen, in kurzer Zeit hohe Renditen zu erzielen. Allerdings muss man sich als Anleger dessen bewusst sein, dass damit auch ein höheres Risiko einhergeht. Hierbei kommt einmal mehr das Prinzip zum Tragen, dass auch auf den Finanzmärkten nichts umsonst ist. In diesem Fall bezahlen die Anleger eine höhere Renditechance mit einem erhöhten Risiko: Ein aufstrebendes Unternehmen kann sich als nicht so erfolgreich wie erhofft herausstellen. Große, „langweilige" Konzerne haben hingegen bereits über einen längeren Zeitraum hinweg unter Beweis gestellt, dass sie in der Lage sind, Gewinne zu erwirtschaften.

Penny-Stocks

Noch größere Renditechancen finden Anleger – allerdings unter Inkaufnahme eines wesentlich höheren Risikos – in der Welt der Penny-Stocks. Von solchen spricht man in Deutschland, wenn die Aktien des Unternehmens einen Wert unter einem Euro aufweisen. Mit diesen Aktien lässt es sich sehr gut spekulieren. Die geringen Handelsspannen und die hohen Schwankungsbreiten der Kurse innerhalb kurzer Zeit eröffnen die Chance, relativ schnell hohe Gewinne einzustreichen. Jedoch besteht gleichzeitig das Risiko, dass die Kurse genauso schnell abrutschen, bis hin zu einer Unternehmenspleite, bei der die Aktien völlig wertlos werden. Schließlich hat eine niedrige Bewertung in der Regel auch einen triftigen Grund, der häufig darin liegen kann, dass das betreffende Unternehmen kein zukunftsfähiges Geschäftsmodell (mehr) besitzt.

Anleihen

Neben der Unsicherheit über die Höhe der Ausschüttungen ist eine Investition in Aktien ständigen Wertschwankungen unterworfen, da sich auch die Aktienkurse ständig verändern. Vor allem in den vergangenen Jahren wurden die Aktienmärkte aufgrund der jüngsten Finanzmarktkrisen teilweise von starken Turbulenzen erfasst. Anders gestaltet sich die Situation dagegen bei einer Investition in Staats- oder Unternehmensanleihen. Anleger, die dem ständigen Auf und Ab an den Aktienmärkten entfliehen wollen und sich eine gewisse Konstanz hinsichtlich der erzielten Renditen wünschen, beschäftigen sich oft mit der Anlageklasse der Anleihen/Renten. Beim Kauf einer Anleihe erhalten die Investoren in der Regel eine feste Verzinsung für ihr angelegtes Kapital (Kupon). Daneben gibt es auch zahlreiche Anleihen, die eine variable Verzinsung aufweisen.

Bei dieser Anlageklasse bilden die Zinseinnahmen die wichtigste Ertragskomponente. Doch auch die Wechselkurse können eine sehr wichtige Rolle spielen, wenn man sich entschließt, außerhalb der Eurozone zu investieren. Denn der Wechselkurs der Anlagewährung zum Euro kann sich laufend ändern. Wer also den Kauf eines Anlageprodukts erwägt, das in einer Fremdwährung (beispielsweise US-Dollar oder Schweizer Franken) notiert, der sollte bedenken, dass er ein erhöhtes Risiko eingeht: Steigt der Kurs des Euro gegenüber der Anlagewährung, sinkt gleichzeitig die vereinnahmte Rendite – im schlimmsten Fall wird sie sogar negativ, d.h., der Anleger erleidet einen Verlust.

Bei jedem Anleihekauf ist zu beachten, dass die beste Investition nicht automatisch jene Anleihe ist, die einem die höchste Rendite verspricht. Warum? Die erzielbare Rendite ist immer ein Ausdruck der Einschätzung, inwiefern ein Unternehmen bzw. ein Staat in der Lage ist, das geliehene Geld zurückzuzahlen und die laufenden Zinszahlungen zu leisten. Eine hohe Rendite, die auch als Risikoaufschlag betrachtet werden kann, geht in der Regel mit einer höheren Wahrscheinlichkeit einher, dass der Investor sein angelegtes Vermögen nicht wiedersieht. Allerdings ist es für Privatanleger sehr mühselig, die Staatsfinanzen einzelner Länder und die Unternehmensbilanzen daraufhin zu prüfen, ob die zukünftigen Kupon- und Rückzahlungen gesichert sind.

Staatsanleihen

Auf dem Markt für Staatsanleihen herrschten früher relativ klare Verhältnisse. Die Anleihen westlicher Industriestaaten wurden allgemein als sicher angesehen. Wer höhere Renditen erzielen wollte, natürlich unter Inkaufnahme eines größeren Risikos, konnte sich in Asien, Südamerika oder allgemein in den Entwicklungsländern umsehen. In den letzten Jahren hat sich die Situation aber deutlich verändert. Die Bonität (das Maß der Kreditwürdigkeit) vor allem europäischer Staatsanleihen befindet sich aufgrund der Euro-Krise auf dem absteigenden Ast und viele Länder – einschließlich der USA – haben mit hohen Haushaltsdefiziten zu kämpfen. Dagegen steigt die Bonität der Staaten aus den Schwellenländern (Emerging Markets) aufgrund ihrer rasanten wirtschaftlichen Entwicklung immer mehr an. Vor allem die asiatischen Anleihenmärkte haben bisher nicht die Aufmerksamkeit erhalten, die sie aufgrund des wirtschaftlichen Aufschwungs in den letzten Jahren verdient hätten. Hingegen ist ein Engagement in westeuropäischen festverzinslichen Wertpapieren wie Staatsanleihen, Wandel- oder Unternehmensanleihen in jedem Fall nicht mehr als so sicher und konservativ einzustufen wie noch vor wenigen Jahren.

Unternehmensanleihen

Bisher galten Unternehmensanleihen im Vergleich zu Staatsanleihen stets als unsicherere Anlage. Aufgrund der ausufernden Schuldenberge vieler europäischer Staaten haben sich die
Ansichten hierzu jedoch ein wenig verändert. Der frühere
Grundsatz, dass Länder nicht pleitegehen können, hat seine
Gültigkeit eingebüßt. Stattdessen wird jetzt auch mit dem
Bankrott von Staaten gerechnet. Inzwischen hat manch großer Konzern eine besser aufgeräumte Bilanz vorzuweisen als
einige Länder. Für Unternehmen stellt die Möglichkeit, sich
über Anleihen zu finanzieren, einen attraktiven Weg dar, um
sich von Bankkrediten unabhängiger zu machen. Anlegern
wiederum verspricht der Erwerb von Unternehmensanleihen
eine berechenbarere Rendite als im Fall von Aktienkäufen.

Fonds und ETFs

Die Investition in nur eine Aktie oder Anleihe widerspricht der
gängigen Ansicht, dass man als Anleger nicht sein gesamtes
Geld auf ein einziges Pferd setzen sollte. Um das eigene
Portfolio diversifizieren zu können, stehen Anlegern Anlageklassen wie Investmentfonds zur Verfügung – mit verschiedenen Schwerpunkten. Fonds und ETFs (Exchange Traded Funds)
haben einige Vorteile gegenüber anderen Anlageformen. Ein
wichtiger Aspekt ist ihre Sicherheit. Denn beide Anlageklassen
bilden Sondervermögen des Emittenten.

> Das Vermögen eines Fonds oder ETF ist vom Emittenten-Vermögen
> getrennt und kann im Fall seiner Insolvenz nicht zugrunde gehen.

Aktienfonds

Aktienfonds legen überwiegend in Aktien an. Die Manager konzentrieren sich bei der Titelauswahl je nach Vertragsbedingungen auf bestimmte Länder, Regionen, Branchen oder Themen. Mittels Fonds können Sparer auch in solche Märkte investieren, die ihnen aufgrund hoher Mindestanlagesummen oder bestehender Informationsbarrieren für eine Direktanlage nur sehr schwer zugänglich wären. Dabei reduzieren Aktienfonds durch Risikostreuung in idealer Weise das mit einer Einzelanlage in einem bestimmten Markt verbundene Risiko. Die Wertentwicklung dieser Fondsgruppe bestimmt sich vornehmlich durch die Kursbewegungen der im Fonds befindlichen Papiere. Aktienfonds sind primär auf Wertsteigerungen ausgelegt, deshalb gelten sie als riskanter als Renten- oder Immobilienfonds. Im Gegenzug haben sie aber auch größere Ertragschancen.

Rentenfonds

Rentenfonds enthalten überwiegend verzinsliche Wertpapiere, wie z.B. Staatsanleihen, Bundesschatzbriefe, Kommunalobligationen, Hypotheken-Pfandbriefe, Wandel- oder Unternehmensanleihen. Der Fondsmanager sorgt für eine ausgewogene Struktur, indem er eine Gewichtung z.B. nach (Rest-)Laufzeit der Papiere, Bonität der Emittenten sowie (bei global investierenden Fonds) nach Währungen vornimmt. Die wichtigste Ertragskomponente von Rentenfonds sind Zinseinnahmen. Aber auch Wechselkurse spielen – insbesondere bei speziellen Währungsfonds und weltweit anlegenden Fonds – eine wichtige Rolle. Rentenfonds sind für Sparer mit mittel-

fristigem Anlagehorizont und mittleren Renditechancen interessant. Sie haben ein geringeres Risiko als Aktienfonds,
unterliegen jedoch größeren Schwankungen als Immobilienfonds, die in Grundstücke und Gebäude investieren, oder
Geldmarktfonds, deren Portfolio sich aus Anleihen mit kurzer
Restlaufzeit zusammensetzt.

Mischfonds

Mischfonds legen das vom Anleger eingezahlte Kapital sowohl
in Aktien als auch in verzinslichen Wertpapieren an. Je nach
den sich bietenden Marktchancen und entsprechend den
Vertragsbedingungen können sie ihren Schwerpunkt flexibel
zwischen beiden Anlageformen variieren. Bestimmte Fonds
dürfen bei ihrer Portfoliozusammensetzung auch Immobilien-
werte einbeziehen. Mischfonds eignen sich für Anleger, die
ein gewisses Maß an Sicherheit schätzen, gleichzeitig aber
auch die Chancen des Aktienmarktes nutzen wollen. Das
Chance-Risiko-Profil eines gemischten Fonds liegt zwischen
dem eines Aktien- und demjenigen eines Rentenfonds.

Dachfonds

Eine weitere Variante sind Dachfonds, die das Vermögen in
andere Investmentfonds ("Zielfonds") investieren und somit
eine doppelte Risikostreuung bieten. Sie verteilen das Vermögen auf mehrere Zielfonds. Diese wiederum legen in einer
Vielzahl von Einzeltiteln an. Dachfonds ermöglichen eine
standardisierte Vermögensverwaltung schon für geringe Beträge. Die Auswahl der entsprechenden Zielfonds trifft das
Fondsmanagement. Dachfonds sind für Sparer mit einem

mittel- bis langfristigen Anlagehorizont geeignet. Das Chance-Risiko-Verhältnis ist von der Anlagepolitik des einzelnen Dachfonds abhängig, je nachdem in welche Zielfonds der Fonds investiert. Durch die Verteilung auf mehrere Investmentfonds sind aber normalerweise Risiko und Chance geringer als bei einem Investment in einen Einzelfonds. Allerdings sollten Sie beachten, dass Sie sich erhöhte Sicherheit zu hohen Gebühren erkaufen. Denn die Rendite von Dachfonds leidet darunter, dass man doppelt zahlt – für die Verwaltung der Dachfonds sowie für die Verwaltung der darin enthaltenen Einzelfonds. Der Gedanke, die im Dachfonds befindlichen Einzelfonds selbst zu kaufen, liegt da schon nahe.

Geschlossene Fonds

Geschlossene Fonds sind keine Fonds wie die oben beschriebenen, weil der Fonds nicht unbeschränkt Anteile ausgeben und den Anlegerkreis erweitern kann. Bei solchen Fonds handelt es sich regelmäßig um eine Kommanditgesellschaft (KG), an der die Anleger als Teilhaber unmittelbar mit dem Risiko des Totalverlustes beteiligt sind.

Exchange Traded Funds (ETFs)

Viele Anleger setzen überwiegend oder vollständig auf aktiv gemanagte Fonds. Deren Manager, so die gängige Annahme, versuchen, das Verlustrisiko ihres Fonds durch eine möglichst breite Streuung der im Portfolio enthaltenen Wertpapiere zu senken, gleichzeitig aber eine Rendite zu erzielen, die über dem Marktdurchschnitt liegt. Doch in der Vergangenheit hat sich gezeigt, dass es aktiv gemanagten Fonds oft nicht gelingt, eine bessere Performance zu erwirtschaften als die jeweiligen Vergleichsindizes – erst recht nicht, wenn man die Kosten berücksichtigt. Bei einem aktiv gemanagten Fonds weiß man also nie, ob dessen Manager mit seiner Strategie besser oder schlechter als der Markt abschneiden wird. Warum also nicht gleich der Entwicklung eines Index, Rohstoffpreises oder eines ganz anderen Basiswerts folgen? Anleger, die nicht auf das Können oder Glück eines Fondsmanagers vertrauen wollen, haben die Möglichkeit, über sog. ETFs an der Wertentwicklung des jeweils zugrunde liegenden Index zu partizipieren.

Exchange Traded Funds (ETFs) sind börsengehandelte Investmentfonds, die eine passive Anlagestrategie verfolgen. Das heißt, sie versuchen, in einem einzigen Finanzprodukt einen Index wie den Deutschen Aktienindex möglichst genau nachzubilden. Dabei reicht die Palette der abgebildeten Indizes von Länder- und Branchenindizes bis zu globalen Indizes. Der erste börsengehandelte ETF wurde im Jahr 1993 in den USA eingeführt. Erst seit 2000 kann man diese Produkte auch in Deutschland an den Börsen handeln.

> Da ETFs nur einen Index abbilden, sind die Verwaltungsgebühren aufgrund der passiven Anlagepolitik sehr niedrig. Sie sind dadurch günstiger als aktiv gemanagte Fonds. Bei Letzteren fallen die Gebühren in der Regel höher aus, da die Fondsmanager bei der Zusammenstellung des Portfolios hohen Analyseaufwand betreiben. Jedoch beschränken sich die Renditechancen von ETFs definitionsgemäß auf den zugrunde liegenden Index, während in der Vergangenheit mancher aktive Fondsmanager durchaus höhere Renditen als der Vergleichsindex erzielte.

Einmalanlage oder Sparplan?

Anleger, die ihr Vermögen in Fonds oder ETFs anlegen möchten, müssen sich entscheiden, ob sie sofort einen hohen Einmalbetrag investieren oder vielmehr einen Sparplan abschließen, bei dem sie monatlich einen kleinen Betrag einzahlen:

- Bei einem Sofort-Investment können die Anleger unmittelbar und vollumfänglich von den erzielten Renditen profitieren. Allerdings bedeutet dies auch eine sehr hohe Kapitalbindung. Zudem besteht das Risiko, dass sich der hohe Anfangsbetrag vermindert.

- Als Alternative hierzu hat sich seit einiger Zeit die Anlageform der Fondssparpläne etabliert. Dabei können die Investoren mit relativ kleinen monatlichen Beträgen, teilweise schon ab 25 EUR, ihr Geld beispielsweise am Aktien- oder Anleihemarkt anlegen und damit für das Alter vorsorgen. Mittlerweile kann das Vermögen auf die gleiche Weise auch in ETFs angelegt werden.

Die größte Bedeutung kommt bei einem solchen Sparplan dem sog. Cost-Average-Effekt (Durchschnittskosteneffekt) zu. Dieser entsteht bei einer regelmäßigen Anlage von gleichbleibenden Beträgen in Wertpapiere. Hierbei werden die Wertschwankungen der Wertpapiere ausgenutzt, indem bei fallenden Preisen entsprechend mehr Anteile gekauft werden. Bei steigenden Preisen erhält man weniger Anteile, jedoch profitiert man von den Wertsteigerungen der bereits im eigenen Besitz befindlichen Anteile.

Derivate

Im Laufe der Jahre haben sich immer neue und immer komplexere Anlageformen herausgebildet. So kann jeder Anleger sein Vermögen exakt nach seinen Vorstellungen investieren. Dabei ermöglichen es verschiedene Spezialanlagen oder Derivate, dass Investoren heute auf die Entwicklung der unterschiedlichsten Basiswerte wie Aktien, Anleihen, Rohstoffe und Immobilien bis hin zum Wetter setzen können.

Gegenüber Derivaten, d.h. Zertifikaten und Optionsscheinen, bestehen viele Vorurteile. Dabei ist eine pauschalisierte Bewertung ähnlich wie bei anderen Anlageinstrumenten häufig nicht angebracht. Denn wie bei Aktien oder Anleihen können unterschiedlich hohe Risiken eingegangen werden – es gibt also sowohl spekulative als auch sicherheitsorientierte Derivate. Somit bleibt es dem Anleger überlassen, welches Risiko er eingehen möchte. In den vergangenen Jahren ist auf den internationalen Finanzmärkten ein riesiger Markt für Derivate aller Art entstanden. Die Bedeutung von Derivaten für die internationalen Finanzmärkte wird z.B. dadurch unterstrichen, dass das Volumen des Derivate-Marktes bei Weitem die Volumina der weltweit gehandelten Aktien, Anleihen und sogar der gesamten weltweiten Wirtschaftsleistung übersteigt.

Die Beliebtheit von Derivaten in Deutschland hat nur kurzzeitig gelitten. Während das Marktvolumen infolge der Finanzmarktkrise im Frühjahr 2009 unter 80 Mrd. EUR sank, hat es sich inzwischen wieder bei etwa 108 Mrd. EUR eingependelt.

Funktionen und Eigenschaften

Nach der Pleite der US-Investmentbank Lehman Brothers und der folgenden Wirtschafts- und Finanzkrise wurden Derivate pauschal verteufelt und als großes Risiko für die weltweite Wirtschaft identifiziert. Der Starinvestor Warren Buffett bezeichnete Derivate einst sogar als „Massenvernichtungswaffen" der Finanzmärkte. Jedoch erfüllen Derivate seit jeher sehr wichtige Funktionen.

Schon in früheren Zeiten versuchten Geschäftsleute die Risiken aus ihrem Handel durch einfache Termingeschäfte abzusichern. Auf den heutigen Finanzmärkten sorgen Derivate für mehr Liquidität und damit eine bessere Versorgung der Realwirtschaft mit Kapital seitens der Banken. Für Privatinvestoren bietet sich mithilfe von Derivaten die Möglichkeit, mit relativ geringem Kapitaleinsatz in verschiedene Basiswerte wie Aktien, Anleihen oder Indizes zu investieren, ohne diese Basiswerte erwerben zu müssen. Dies verbessert die Partizipationsmöglichkeiten an den Finanzmärkten für Kleinanleger enorm.

Zertifikate

Für Privatanleger ist vor allem die Gruppe der in Deutschland immer beliebter werdenden Zertifikate eine attraktive Variante, auf die Kursverläufe einer großen Zahl an Basiswerten zu setzen. Häufig können Anleger dabei mit relativ geringem Kapitalaufwand überproportional an Kursbewegungen des Basiswerts partizipieren. Da Kurse steigen, aber auch sinken können, steht den erhöhten Renditechancen allerdings ein ebenso überproportionales Verlustrisiko gegenüber.

Beispiel:

 Das erste jemals emittierte Zertifikat war im Juni 1990 ein Index-Zertifikat der Dresdner Bank auf den DAX. Heutzutage ist die Auswahl an solchen Papieren kaum noch überschaubar.

Aus rechtlicher Sicht sind Zertifikate keine Aktien, sondern von Banken emittierte Inhaberschuldverschreibungen. Sie verbriefen keine Eigentums- und Aktionärsrechte an den Unternehmen, deren Aktien dem Zertifikat zugrunde liegen. Im Gegensatz zu klassischen Schuldverschreibungen gewähren Zertifikate auch keine feste Verzinsung; vielmehr hängt die Rückzahlung von der Entwicklung des zugrunde liegenden Basiswertes ab.

Anders als Fonds oder ETFs bilden Zertifikate keine Sondervermögen. Sie sind daher nicht gegen den Totalverlust des investierten Kapitals infolge einer möglichen Zahlungsunfähigkeit des Emittenten geschützt. Da Zertifikate Schuldverschreibungen sind, sind sie auch nicht durch den Einlagensicherungsfonds gesichert. Dieser deckt nur Guthaben auf Termin-, Spar- sowie Girokonten ab.

Zwar werden die meisten Zertifikate von großen Banken ausgegeben, jedoch sollten Anleger immer an die Möglichkeit eines Zahlungsausfalls denken und der finanziellen Solidität des Emittenten verstärkte Beachtung schenken. Ratingagenturen wie Standard & Poor's, Moody's oder Fitch geben regelmäßig Einschätzungen zur Bonität der Emittenten ab. Bis zur Pleite der US-Investmentbank Lehman Brothers glaubte man an den Finanzmärkten nicht an einen möglichen Zahlungsausfall von Banken. Und doch hat dieser Konkurs aufgrund der vielfältigen Verflechtungen der Finanzinstitute untereinander hohe Wellen geschlagen und zu den bekannten Verwerfungen an den Finanzmärkten geführt. Allerdings wird die Politik in Zukunft versucht sein, mit allen Mitteln einen weiteren Ausfall eines systemrelevanten Finanzinstituts zu verhindern. Somit empfiehlt es sich für Investoren, ihr Geld vorzugsweise bei den großen und bonitätsstarken Zertifikate-Anbietern anzulegen.

Optionsscheine

Der Optionsschein gilt als das klassische Hebelprodukt. Er verbrieft das Recht, einen bestimmten Basiswert (Underlying) zum Ende einer Bezugsfrist zu einem festgelegten Preis zu kaufen (Call-Option) oder zu verkaufen (Put-Option). Der Hebeleffekt wirkt dabei wie ein Renditebeschleuniger. Denn durch ihn ändert sich der Wert des Optionsscheins weit stärker als derjenige des jeweiligen Basiswerts – beispielsweise einer Aktie oder eines Aktienindex.

Beispiel:

Ein Kauf-Optionsschein (Call) auf die Aktie eines bestimmten Unternehmens mit einem Hebel von 15 bedeutet: Wenn der Kurs der Aktie um 1 % steigt, dann legt der entsprechende Call um 15 % im Wert zu. Somit genügt bereits ein 1/15 des für den Erwerb des Basisinstruments erforderlichen Kapitaleinsatzes, um die gleiche Rendite zu erzielen. Bei einem Verkaufs-Optionsschein (Put) gilt diese Rechnung in analoger Weise – hier gewinnt der Investor 15 EUR, wenn die Aktie um 1 EUR fällt.

Allerdings kommt hier einmal mehr die alte Regel auf den Finanzmärkten zum Tragen, dass eine höhere Rendite nur im Gegenzug für ein höheres Risiko zu haben ist. Den erhöhten Chancen im Vergleich zu einem reinen Anleihen-Investment steht die Gefahr eines Totalverlusts des Kapitals gegenüber, das in das jeweilige Hebelprodukt investiert wurde.

Auf einen Blick: Die Anlageformen

- Aktien sind als Geldanlage weltweit sehr beliebt. Zu ihren größten Vorteilen zählt aus Sicht der meisten Anleger die Tatsache, dass man mit Aktien Kursgewinne erzielen kann, die in der Vergangenheit immer deutlich höher ausfielen als die Rendite festverzinslicher Anlagen.

- Ein Engagement in Fonds ähnelt einer Aktieninvestition. Man beteiligt sich dabei an einem Gesamtvermögen, ohne jedoch Mitinhaber eines Unternehmens zu werden. Fondsinhaber haben weder Stimmrechte noch sonstige Mitbestimmungsrechte an Unternehmen.

- Mit einem Investment in eine Anleihe werden Sie zum Kreditgeber – für Staaten oder Unternehmen. Die Konditionen sind von Anfang an bekannt. Jedoch hat sich gerade in Zeiten der Schuldenkrise das Engagement in Staatsanleihen als riskanter erwiesen als in den Jahren zuvor.

- Finanzprodukte wie Derivate sind für Anleger mit wenig Erfahrung oft nur bedingt geeignet, denn die verschiedenen Produktarten sind mit sehr unterschiedlichen Verlustrisiken behaftet, die man kennen sollte.

- Privatanleger sollten bei ihren Investments auf die richtige Mischung achten. Mit der Berücksichtigung unterschiedlicher Anlagemöglichkeiten in ihrem Portfolio erreichen sie eine Streuung und damit eine Reduktion ihres Risikos.

Ihr Einstieg in die Welt der Börse

Das Parkett der Börse kann glatt sein. Anleger, die sich entschließen, ihr Geld in Aktien oder andere spekulative Anlageklassen zu investieren, sollten ihre ersten Schritte daher gut vorbereiten.

In diesem Kapitel erfahren Sie,

- wo Sie ein Wertpapierdepot einrichten können,
- welche Gebühren Sie erwarten,
- wie Sie Ihre persönliche Anlagestrategie finden,
- welche Chancen und Risiken Sie erwarten.

Das Depotkonto

Wer sich entschließt, sein Geld an die Börse zu tragen und in Aktien zu investieren, muss ein wenig praktische Vorarbeit erledigen: Er muss ein Depot(konto) eröffnen. Der Grund: Investoren haben keinen direkten Zugang zum Marktplatz Börse. Um überhaupt an der Börse handeln zu können, braucht man daher zunächst ein Wertpapierdepot bei einer Bank oder einem Internet-Broker. Dies ist allerdings ein Umweg, der heutzutage kaum noch ins Gewicht fällt.

Discount-Broker oder klassische Bank?

Wertpapiere werden fast ausschließlich elektronisch in virtuellen Depots verwaltet. Dabei lassen sich zwei Typen von Depots unterscheiden: solche bei einem Discount-Broker und jene bei einer klassischen Bank. Die jeweiligen Leistungen können sehr unterschiedlich sein, deshalb sollte man die Konditionen und Gebühren der unterschiedlichen Anbieter genau vergleichen: Welche Kosten fallen an? Inwiefern werden Beratungsleistungen angeboten?

Dabei wird rasch deutlich, dass Discount-Broker im Vergleich zu den klassischen Hausbanken wesentlich günstiger sind, denn sie bieten in der Regel keine Beratung und unterhalten zudem kein Filialnetz. Diese Kosteneinsparungen können sie somit an ihre Kunden weitergeben. Während Großbanken jährlich bis zu 85 EUR an Depotgebühren berechnen, bieten einige Discount-Broker sogar kostenfreie Depots an. Ein Blick ins Kleingedruckte ist dabei aber Pflicht. Manche Discount-

Broker sind nur dann günstig, wenn regelmäßig gehandelt wird. Anderenfalls fallen nämlich zusätzliche Gebühren an.

Welche Kosten entstehen?

Neben den allgemeinen Depotgebühren spielen auch die Gebühren für die einzelnen Transaktionen eine wichtige Rolle. Transaktionskosten fallen beim Kauf und Verkauf von Wertpapieren an. Direkte Transaktionskosten sind Gebühren, welche Investoren an ihre depotführende Bank zahlen. Wird die Order an einer Präsenzbörse ausgeführt, kommt zu den Transaktionsgebühren der Bank noch die Courtage für den jeweiligen Skontroführer (Börsenmakler) hinzu. Die Courtagesätze sind in der Gebührenordnung der Börse einheitlich festgelegt. Nicht alle Banken weisen diese Kosten ihren Kunden gegenüber aus.

Indirekte Transaktionskosten hängen von der Liquidität ab. Sie entstehen beim Handel mit wenig liquiden Wertpapieren auf zweierlei Arten: Zum einen verschiebt ein Kauf- oder Verkaufsangebot den Kurs auf einem illiquiden Markt zuungunsten des Akteurs; zum anderen wird die Order auf einem illiquiden Marktplatz nicht sofort ausgeführt. Je länger der Kauf- oder Verkaufswunsch im Orderbuch steht, desto höher das Risiko, dass sich der Kurs des Papiers ungünstig entwickelt. Gleichzeitig steigt jedoch die Chance einer Ausführung.

Die sog. Teilausführung kann ebenfalls Kosten verursachen. Davon spricht man, wenn ein Auftrag nicht vollständig, sondern in mehreren Teilen ausgeführt wird. Dies geschieht im vollelektronischen Handelssystem, wenn eine erteilte Order nicht auf ein ausreichend großes Gegenangebot stößt.

Das Aufsplitten einer Order in verschiedene Transaktionen kann vorteilhaft sein, wenn der Anleger dadurch für Teile seiner Order einen besseren Preis erhält als bei einer Vollausführung. Es fallen jedoch eventuell zusätzliche Kosten an, wenn Bank oder Broker ihren Kunden Teilausführungen berechnen, obwohl ihnen selbst keine weiteren Handelsgebühren an der Börse entstehen. Deshalb sollte man auch hier sorgfältig prüfen, welche Broker bei Teilausführung Gebühren erheben und welche nicht. Allerdings hängt es auch von der Wahl des Handelsplatzes ab, ob überhaupt Teilausführungen vorgenommen werden.

Ihre persönliche Anlagestrategie

Bevor Sie als potenzieller Kleinanleger den Schritt an die Börse wagen, um in Aktien oder auch eine andere Anlageklasse wie z. B. Anleihen zu investieren, sollten Sie zweierlei tun:

- Ihre eigenen Motive der Geldanlage ergründen (Risikoprofil) und

- ein Anlageziel sowie eine dazu passende Anlagestrategie festlegen.

Risikofähigkeit:

- Objektive Kriterien
- Einkommen, Liquidität
- Vermögen, Fremdkapital
- Alter, berufliche Stellung
- familiäre Situation

Anlageziele

Zeithorizont

Risikobereitschaft:

- Subjektive Kriterien
- Anlegerpersönlichkeit, Typ
- Schwankungstoleranz
- Know-how, Erfahrung
- Renditeerwartung

Wie viel Risiko kann ich eingehen?

Wie viel Risiko will ich eingehen?

Rendite / Risikoprofil Anlegerprofil

Anlagestrategie

Vom Risikoprofil zur Anlagestrategie

Ihr Risikoprofil

Vor dem Engagement in Investments jeder Art gilt es zunächst, Ihr persönliches Risikoprofil herauszufinden. Dazu bedarf es einer Analyse der persönlichen Vermögensverhältnisse, Ihrer Einnahmen und Ausgaben sowie Ihrer persönlichen und beruflichen Situation. Aus all diesen Einflussfaktoren lässt sich im zweiten Schritt ein Anlageziel ableiten und eine dazu passende Anlagestrategie formulieren. Wenn Sie sich deren Ausarbeitung selbst nicht zutrauen, können Sie auch eine Beratung in Anspruch nehmen, z. B. bei Ihrer Hausbank.

> Nehmen Sie niemals einen Kredit auf, um mit diesem Geld an den Finanzmärkten zu spekulieren. Das haben in Zeiten der Dotcom-Blase genügend Anleger in Deutschland und anderswo getan. Sie zahlen teilweise heute noch ihre Schulden ab.

Ihre Anlageziele

Bei der Wahl der Anlagestrategie kann beispielsweise das Ziel die Sicherung der Altersvorsorge sein, die in Deutschland aufgrund der Finanznöte der staatlichen Rentensysteme künftig immer mehr auf die privaten Schultern verlagert wird. Ein Investor, der eine Rücklage für seine Altersvorsorge bilden möchte, wird eher auf Sicherheit bedacht sein als auf die Erzielung kurzfristiger Gewinne. In diesem Fall kommen für ihn womöglich die weniger riskanten Anlageklassen wie festverzinsliche Wertpapiere, Geldmarktfonds oder Rentenfonds in Betracht, die im Vergleich zu einem Investment in Aktien oder Optionsscheinen zwar geringere, dafür aber zumeist sichere Renditen erwirtschaften.

In Frage kommen aber ebenso Investmentfonds, die versuchen, durch eine geschickte Zusammensetzung des Portfolios einen hohen Grad an Diversifikation zu erreichen und somit das Risiko für den Investor zu senken. Gleichzeitig streben solche Fonds danach, innerhalb ihrer Risikoklasse eine höchstmögliche Rendite zu erzielen. Sie werden daher in der Risikoskala zwischen festverzinslichen Wertpapieren und Direktinvestments in Aktien eingeordnet.

Anders liegt der Fall, wenn ein Investor weniger auf seine Altervorsorge bedacht ist als vielmehr überschüssiges Kapital zur Verfügung hat. Dieses möchte er nicht einfach auf einem Tagesgeldkonto deponieren und somit der Inflation anheimgeben, sondern gewinnbringend anlegen. In solchen Fällen kann dann durchaus die Investition in riskantere, aber gleichzeitig renditeträchtigere Anlageklassen angezeigt sein. Jedoch sollte sich der Investor dabei stets der Tatsache bewusst sein, dass Wertverluste bis hin zum Totalverlust des eingesetzten Kapitals eintreten können.

Ihr Anlagehorizont

Die Wahl der Anlageziele wird natürlich stark vom persönlichen Anlagehorizont beeinflusst. Wer für sein Alter vorsorgen möchte, wird demnach einen langfristigen Anlagehorizont wählen. Sollte ein Investor allerdings daran interessiert sein, das investierte Kapital rasch zu vermehren, um größere Ausgaben damit finanzieren zu können, bietet sich eher ein mittel- bis kurzfristiger Anlagehorizont an.

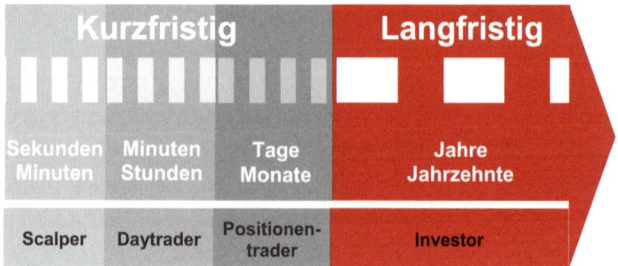

Die Wahl des Anlagehorizonts

Die gängigen Definitionen der Praxis für die unterschiedlichen Zeithorizonte sind nicht einheitlich. So kann eine kurzfristige Anlagestrategie einen Zeitraum von bis zu sechs Monaten oder sogar auch nur einen Tag umspannen. Als mittlerer Anlagehorizont gelten sechs Monate bis drei Jahre. Eine langfristige Anlagestrategie wäre somit auf mehr als drei Jahre anzulegen.

Jeder Anleger muss für sich selbst entscheiden, welches Ziel er mit seinem Investment verfolgt, welches Risiko er eingehen und über welchen Zeitraum hinweg er sein Geld investieren möchte, um es gegebenenfalls für anstehende Konsumausgaben nutzen zu können. Sollte ein Anleger langfristig gebundenes Kapital aus irgendwelchen Gründen kurzfristig benötigen, besteht immer das Risiko eines Wertverlustes, da viele Investments nur mit deutlichen Abschlägen vor Ende der Laufzeit aufgelöst werden können.

Ertrag versus Risiko: Der Abwägungsprozess am Beispiel Aktien

Bei jedem Investment lauern nicht nur Chancen, sondern auch Risiken. Kurse steigen nicht immer beständig weiter an, sondern können auch fallen. Im schlimmsten Fall führt das zum Totalverlust des eingesetzten Kapitals. Als Anleger tut man gut daran, dies im Hinterkopf zu behalten, beispielsweise im Gespräch mit Beratern. Diese neigen dazu, die Chancen gegenüber den Risiken eines Investments zu betonen, um sich möglichst hohe Provisionen zu sichern. Anleger sollten sich daher ihren kritischen Blick bewahren und insbesondere bei Versprechungen horrend hoher Renditen sehr genau hinsehen. Auf den Finanzmärkten gilt nicht umsonst das Gesetz, wonach eine hohe Rendite stets mit einem erhöhten Risiko einhergeht. Das bedeutet nicht, dass im Einzelfall riskantere Investments nicht erfolgreich verlaufen und weniger riskante Investments nicht zu einem Totalverlust führen könnten. Der Investor muss aber erkennen, dass eine hohe Verzinsung nichts anderes ist als eine Prämie für die Hinnahme eines entsprechend hohen Risikos, das eingesetzte Kapital nicht zurückzuerhalten, wenn der Emittent eines Wertpapiers zahlungsunfähig wird.

Dabei ergeben sich in den verschiedenen Anlageklassen sehr unterschiedliche Chance-Risiko-Profile. Im Fall von Aktien können die Anleger von den möglichen Kurssteigerungen, aber auch von den gezahlten Dividenden profitieren. Jedoch ist auf dem Aktienmarkt entscheidend, wann man investiert, denn im Zeitverlauf sind teilweise sehr deutliche Schwankungen zu beobachten.

Beispiel:

> Beispiele dafür sind die Dotcom-Blase um die Jahrtausendwende und die Finanz- und Wirtschaftskrise von 2007/08. Im Vorfeld beider Ereignisse konnten die Anleger schwindelerregend hohe Renditen erzielen. Doch wer sein Geld zum falschen Zeitpunkt investierte, musste schwere Verluste hinnehmen.

> Risiko ist nicht gleich Risiko: Je nach Zugehörigkeit zu einer Kategorie werden Aktien verschiedenen Risikoklassen zugeordnet. Häufig werden Unternehmen anhand der Abhängigkeit ihres Geschäftserfolgs von den Konjunkturzyklen (Wirtschaftswachstum und Rezession) unterschieden.

Es gibt drei Hauptkategorien von Aktien: defensive, zyklische und antizyklische Papiere.

Zykliker

Als klassisches Beispiel für zyklische Aktien gelten diejenigen der Bauunternehmen (STRABAG, HOCHTIEF, Wienerberger usw.). In Boomzeiten können der Gewinn dieser Unternehmen und ihr Aktienkurs erheblich steigen, während in einer Rezession die Aktien wesentlich stärker als der Marktdurchschnitt fallen können. Am Beispiel der HOCHTIEF-Aktie erkennen Sie dieses Verhalten sehr deutlich. Während der Immobilien- und Finanzkrise von 2008/2009 verzeichnete die Aktie stark rückläufige Kurse.

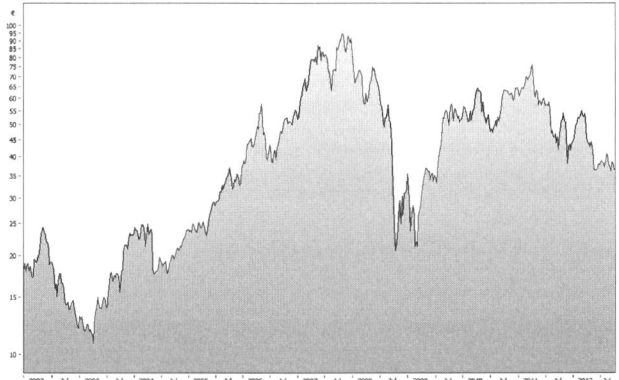

Kursverlauf der HOCHTIEF-Aktie zwischen 2002 und 2012

Defensive Aktien

Defensive Aktien kommen in der Regel gut durch Phasen konjunkturellen Abschwungs. In wirtschaftlich starken Perioden werden sie dafür in der Regel keine großen Gewinnsprünge machen. Beispiele für defensive Aktien finden sich in der Lebensmittelbranche oder bei öffentlichen Versorgungsbetrieben, die Grundbedürfnisse wie Elektrizität oder Wasser abdecken. Solche Aktien werden besonders in „schlechten" Zeiten nachgefragt.

Antizyklische Aktien

Im Gegensatz zu zyklischen Werten können antizyklische Aktien, wie das Wort schon andeutet, in schlechten Zeiten gedeihen. In guten Zeiten tun sie sich dagegen schwer. Es gibt keinen Sektor, der vollständig als antizyklisch kategorisiert werden könnte, vielmehr handelt es sich meist um Sonderfälle. Dennoch werden oftmals die sog. „Versorger" (Post, Energiekonzerne) sowie Pharma-Aktien als antizyklisches Investment bezeichnet, das mit langsamem, aber stetigem Wachstum ohne große Kursschwankungen punktet. Das heißt: Defensive Aktien und antizyklische können durchaus die gleichen sein.

Sollten Sie in Aktien investieren?

Die Investition in Aktien ergibt Sinn, wenn Sie Ihr Kapital nicht von heute auf morgen wieder benötigen und somit auch eine Durststrecke an der Börse aushalten können. Ist dies nicht der Fall, sollten Sie sich eher mit anderen Anlageklassen beschäftigen. So bieten festverzinsliche Wertpapiere ein ganz anderes Chance-Risiko-Profil. Auf der einen Seite sind bei diesen die erzielbaren Renditen wesentlich niedriger als bei Aktien. Jedoch bieten Rentenpapiere wiederum eine größere Berechenbarkeit, da sie gleichbleibende fortlaufende Zinszahlungen versprechen. Zwar können auch diese Zahlungen einmal ausfallen, allerdings ist das Risiko dafür geringer als bei Aktien.

Wer sich für einen aktiv gemanagten Investmentfonds entscheidet, muss auf das Können und das Glück der Fondsmanager bauen. Häufig haben Anleger dabei nicht einmal die Möglichkeit nachzuvollziehen, wie eine bestimmte Performance zustande gekommen ist, da die Fonds nur alle drei Monate an die Investoren berichten müssen. Somit kann es sein, dass hohe Risiken eingegangen werden, von denen der Anleger nichts erfährt, sodass ihm erst später bei einem etwaigen Scheitern der risikoreichen Investments die Rechnung in Form einer Wertminderung präsentiert wird.

Ihr persönliches Portfolio

Nachdem das Risikoprofil, der Anlagehorizont und die Anlageziele festgelegt wurden, gilt es, dieser Anlagestrategie entsprechend ein Portfolio zu bilden und das Kapital somit auf verschiedenen Märkte, Marktsegmente und Anlageformen zu verteilen. Die Frage lautet hier: Mit welcher Gewichtung sollen verschiedene Investmentarten bzw. Anlageobjekte im Portfolio vertreten sein?

Schritt 1: Aufteilung auf verschiedene Anlageklassen

Zunächst geht es bei dieser sog. strategischen Asset-Allokation um die grundlegende Aufteilung des zu investierenden Vermögens auf verschiedene Anlageklassen. Diese muss dem vorher ermittelten Anlegerprofil im Hinblick auf Anlageziele, Anlagehorizont und Risikoklasse entsprechen. Eine solche Aufteilung könnte etwa wie in der folgenden Abbildung aussehen.

Schritt 2: Gewichtung der Anlagen innerhalb der Anlageklassen

Im zweiten Schritt werden nun die einzelnen Anlagen innerhalb der jeweiligen Anlageklassen gewichtet. Dabei wird beispielsweise die Anlageklasse Aktienfonds zunächst in einzelne Kontinente oder Branchen aufgeteilt, die man über entsprechende Investmentfonds oder auch eine Vielzahl von Einzelaktien abdecken kann. Wie fein diese Aufteilung ausfällt, hängt nicht zuletzt von der Höhe des Kapitaleinsatzes ab.

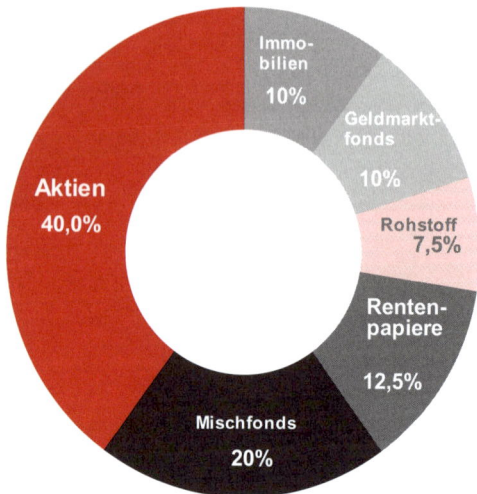

Beispiel für ein diversifiziertes Portfolio mit langfristigem Anlagehorizont

Ihr Börsen-Handwerkszeug

Handelsstrategien für Aktienanleger

Anleger sind Menschen, die Emotionen unterliegen. Trotz aller Rationalität und sorgfältig durchdachter Strategie werden immer wieder Faktoren wie Hoffnung, Gier oder Angst unser (Börsen-)Handeln bestimmen. Wer den Aktienmarkt länger beobachtet, erkennt, dass bestimmte Situationen immer wieder dieselben Reaktionen und Verhaltensmuster bei den Marktteilnehmern auslösen. Hieraus folgt, dass sich Kursbewegungen, die ja nur durch Aktionen der Marktteilnehmer verursacht werden, mithilfe der Charttechnik, auch als Technische Analyse bezeichnet, bis zu einem gewissen Grad vorhersagen lassen.

Das Fundament der Technischen Analyse bilden Daten aus der Vergangenheit. Sie geht auf Charles Dow zurück, den Gründer des „Wall Street Journal". Dow fand heraus, dass Hausse- und Baissebewegungen, d.h. länger anhaltende Auf- und Abwärtsbewegungen, immer auf ähnliche Weise verlaufen. Selbstverständlich ist die Technische Analyse nicht vor externen Einwirkungen geschützt. Überraschende Faktoren wie politische Spannungen, Finanzkrisen, Kriege oder Naturkatastrophen können die Kurse – allerdings auch aufgrund der Emotionen der Marktteilnehmer – in unberechenbare Richtungen ziehen. Das Gleiche gilt bei der sog. Fundamentalanalyse, die Anlageentscheidungen auf die Analyse von Unternehmensdaten und Bilanzen gründet.

Während die Fundamentalanalyse für die Frage herangezogen werden sollte, ob eine Aktie grundsätzlich kaufenswert ist, dient die Technische Aktienanalyse vor allem der Bestimmung des richtigen Zeitpunktes für den Kauf oder Verkauf von Aktien. Zur Auswahl der für eine langfristige Kapitalanlage geeigneten Aktien (Stock-Picking) kann sie in der Regel nicht verwendet werden. Sie eignet sich grundsätzlich eher für spekulativ ausgerichtete Anleger und erfordert die Bereitschaft, die Entwicklung der eigenen Investments intensiv zu verfolgen.

Im Laufe der Jahre haben sich an den Finanzmärkten zahlreiche Handelsstrategien herausgebildet, sodass jeder Anlegertyp die zu ihm passende Strategie finden wird. Keine davon ist von vornherein optimal; alle weisen ihre besonderen Vor- und

Nachteile auf. Noch wichtiger als die Auswahl einer bestimmten Handelsstrategie ist jedoch, dass der Anleger an einer einmal gewählten Strategie festhält und sie nicht bei jeder kleinen Marktturbulenz wieder über Bord wirft. Genauso wichtig ist es folglich, sich bereits vor einer Investition darüber Rechenschaft abzulegen, welche Art von Anleger man ist und welche Ziele verfolgt werden sollen. Erst danach folgt die Auswahl einer entsprechenden Strategie. Im Folgenden möchte ich Ihnen einige ausgesuchte Handelsstrategien vorstellen.

Value-Investing

Warren Buffett gilt als einer der größten Investoren aller Zeiten. Seinen Erfolg verdankt er ganz überwiegend der Handelsstrategie des Value-Investing (wertorientierte Strategie). Als Urvater des Value-Investing gilt Buffetts Lehrmeister Benjamin Graham.

Bei dieser Strategie versucht ein Anleger gezielt Unternehmen zu identifizieren und deren Aktien zu kaufen, die er im Vergleich zu ihrem „wahren" Wert für unterbewertet hält. Er zielt somit darauf ab, eine überdurchschnittliche Rendite zu erzielen. Dabei ist er bestrebt, sich nicht allzu sehr von aktuellen Entwicklungen und Trends des Aktienmarktes beeinflussen zu lassen. Er versucht sich vielmehr so zu verhalten, als wäre er an dem jeweiligen Unternehmen beteiligt. Als Value-Investor sollte man unternehmerisch denken und der Versuchung widerstehen, auf allgemeine Trends aufzuspringen.

Wer sich auf die Suche nach dem Inneren Wert eines Unternehmens begibt, muss sich zuvor von der Annahme vollkommen effizienter Märkte verabschieden. Gäbe es diese, dann würde der Aktienkurs eines Unternehmens immer dem wahren Wert entsprechen, was nach den historischen Erfahrungen der Aktienanlage nicht zutrifft (in diesem Fall wäre der Value-Investing-Ansatz überflüssig).

Doch wie schafft man es nun, die unterbewerteten Aktien zu identifizieren? Hierzu bedient man sich der Fundamentalanalyse. Diese versucht, durch Betrachtung der betriebswirtschaftlichen Daten und des ökonomischen Umfeldes eines Unternehmens seinen Inneren Wert zu ermitteln.

> Der Innere Wert eines Unternehmens entspricht laut Warren Buffett der Summe aller Barmittel, die dem Unternehmen während seiner verbleibenden Lebenszeit entnommen werden können, abgezinst auf ihren Gegenwartswert.

Wenn man einen Unternehmenswert ermittelt hat, der über dem aktuellen Marktwert eines Unternehmens, also dem an der Börse gehandelten Kurs liegt, dann ergibt sich die Chance, auf längere Sicht eine überdurchschnittliche Rendite auf die Aktie des Unternehmens zu erzielen. Allerdings ist der Innere Wert keine präzise berechenbare Zahl, sondern vielmehr eine Schätzung, die zudem noch mit veränderlichen Zinssätzen abgezinst werden muss. Auch die zugrundeliegenden Parameter, die zur Berechnung herangezogen werden, unterliegen einer ständigen Veränderung.

Neben dem Inneren Wert stellt die Sicherheitsmarge einen weiteren wichtigen Aspekt im Konzept des Value-Investing dar. Wenn der Marktpreis unter dem kalkulierten Wert eines Investments liegt, wird die Differenz als Sicherheitsmarge oder „margin of safety" bezeichnet. Wie der Name schon andeutet, ist die Sicherheitsmarge für den Investor eine

Absicherung für den Fall, dass er den Inneren Wert eines Unternehmens zu hoch ansetzt. Da jeder Investor den Inneren Wert nach eigenen Methoden ermitteln kann, ist die Berechnung des wahren Wertes eines Unternehmens subjektiv und kann selbst bei Verwendung der gleichen Fundamentaldaten zu verschiedenen Ergebnissen führen. Auch bei der Festlegung der Sicherheitsmarge selbst ist es jedem einzelnen Investor überlassen, die für ihn am besten geeignete Höhe festzulegen.

Beispiel:

Wir schätzen den Unternehmenswert einer Aktie mit etwa 54 EUR ein, gehandelt wird diese aber aktuell an der Börse mit 45 EUR; das entspricht einer potenziellen Rendite von 20 %. Was aber, wenn wir uns verschätzt haben? Wenn die 54 EUR nicht realistisch sind? Jetzt greift „margin of safety", die Sicherheitsmarge. Und zwar ganz einfach:

Wir nehmen erneut an, dass das Unternehmen dieser 45-EUR-Aktie solide arbeitet und einen guten Cashflow hat. Wir legen daher einen Abschlag von 20 % als Sicherheitsmarge zugrunde, um sie zu kaufen. Wir würden also warten, bis der Kurs dieser Aktie 20 % unter dem aktuellen Kurs von 45 EUR liegt, und sie dann erst kaufen.

Trendfolge-Strategie

Bei anderen Investmentstrategien geht es dagegen weniger darum, eine Aktie zu einem Preis unter ihrem „wahren" Wert zu kaufen. Die sog. Wachstumsinvestoren achten vielmehr darauf, dass ein Unternehmen fundamental gut aufgestellt ist und zukünftig wachsende Erträge verspricht – und damit die Möglichkeit steigender Kurse. Im Gegensatz zu Value-Investoren kann für sie eine aktuell als überteuert eingestufte Aktie attraktiv sein.

Anders als beim Value-Investing heißt es bei der Trendfolge-Strategie nicht, billig zu kaufen und teuer zu verkaufen, sondern vielmehr, teuer zu kaufen und noch teurer zu verkaufen. Dabei folgt man der Börsenweisheit: „The trend is your friend." Tatsächlich kann ein Trend zum Freund des Anlegers werden. In der Vergangenheit hat sich gezeigt, dass sich zumindest übergeordnete Trends oft über längere Zeit fortsetzen können. Liegt also ein Aufwärtstrend vor, so ist das wahrscheinlichste Szenario, dass es weiterhin aufwärts gehen wird. Somit ist es durchaus möglich, dass einzelne Aktien nach dem Erreichen eines Allzeithochs weiter an Wert gewinnen.

Wer als Anleger bereits investiert hat, sollte also während eines Aufwärtstrends nicht vorschnell verkaufen, sondern versuchen, von weiteren Kurssteigerungen zu profitieren. Wer noch nicht investiert hat, kann einen stabilen Aufwärtstrend zum Einstieg nutzen, um von steigenden Kursen zu profitieren. Liegt dagegen ein Abwärtstrend vor, ist es oft wahrscheinlich, dass es auch weiterhin abwärts geht. Anleger, die kaufen möchten, sollten also zunächst abwarten, bis die Kurse eine Talsohle durchschritten (im Börsenlatein: eine Bodenbildung vollzogen) haben.

Bei der Trendfolge-Strategie müssen Anleger wie bei jedem Aktieninvestment darauf achten, dass das betreffende Unternehmen wirtschaftlich gesund ist, nicht in einer notleidenden Branche tätig ist und damit rechnen kann, dass seine Produkte auch in Zukunft nachgefragt werden. Bei einem steigenden Aktienkurs spricht vieles dafür, dass sich dieser Trend auch in Zukunft fortsetzt. Jedoch möchten die Anleger natürlich auch im anderen Fall, also bei zurückgehenden Kursen,

möglichst frühzeitig in einen einsetzenden Aufwärtstrend
einsteigen. Dazu nutzen Investoren die Charttechnik. Hierbei
geht es beispielsweise darum, Wendepunkte in einem Abwärtstrend zu identifizieren. Ein solcher Wendepunkt würde
für einen möglicherweise einsetzenden Aufwärtstrend sprechen und somit ein Kaufsignal erzeugen. Natürlich gibt es
auch bei steigenden Kursen Wendepunkte, die wiederum für
ein Verkaufssignal sprechen.

90:10-Strategie

Bei vielen privaten Anlegern überwiegt das Sicherheitsdenken,
weshalb häufig Renditechancen ausgelassen werden. Solide
Aktien können langfristig sehr hohe Renditen erwirtschaften.
Da kurzfristig aber Kursverluste möglich sind, greifen viele
Investoren lieber zu festverzinslichen Wertpapieren. Dieser
konservative Anlagestil senkt zwar das Risiko, allerdings auf
Kosten der Ertragschancen. Hier setzt die 90:10-Strategie an.
Sie verbindet die Vorteile von festverzinslichen Wertpapieren
und Aktien. Somit wird auch sehr risikoscheuen Anleger die
Möglichkeit eröffnet, ihre Renditen nach oben zu schrauben.

Idealerweise möchte ein Investor das vorhandene Verlustpotenzial begrenzen, aber trotzdem von möglichen Kurssteig-
gerungen von Aktien profitieren. Die 90:10-Strategie bietet
eine Möglichkeit, bei konstanten Risiken höhere Erträge zu
generieren und Chancen besser gegen mögliche Verluste
abzusichern. Das Prinzip ist einfach: 90 % des Kapitals fließen
in solide Anleihen, deren Zinseinnahmen kontinuierliche Erträge sichern und den Anlegern ruhige Nächte bescheren. Die
übrigen 10 % des Anlagebetrages werden in Hebelprodukte

wie Optionsscheine gesteckt, mit denen – je nach Marktlage – auf steigende oder fallende Kurse spekuliert werden kann. Wie wir bereits im Abschnitt „Derivate" gesehen haben, wirken diese wie ein Renditebeschleuniger, der allerdings das Risiko des Totalverlustes birgt.

Den Ertrag aus der Anleihe nimmt der Investor hingegen sicher ein, wodurch das Verlustrisiko gesenkt wird. Kommt es entgegen der Erwartungen nicht zu einer Kurssteigerung des Basiswerts, so ist das Verlustpotenzial zudem auf die in die Optionsscheine investierten 10 % des Anlagebetrages begrenzt. Die in sichere Anleihen investierten 90 % des Kapitals bleiben erhalten und werfen sogar noch Zinsen ab. Hätte der Investor sein ganzes Geld dagegen in das entsprechende Basisinstrument investiert, würde der Verlust unter Umständen wesentlich größer ausfallen. Somit bietet die 90:10-Strategie mit dem Investment in die Anleihe die gewünschte Sicherheit, trägt aber gleichzeitig auch dem Wunsch nach einer möglichst hohen Rendite Rechnung.

Strategie „Blue Chips bevorzugen"

Viele Unternehmen genießen allein aufgrund ihrer Größe einige Vorteile gegenüber kleineren Firmen. So erfreuen sie sich meist hoher Umsätze, Profitabilität und auch Marktmacht. Die Unternehmensgröße spiegelt somit den Erfolg wider, den das Unternehmen mit seinen Produkten und Dienstleistungen am Markt erzielen konnte. Häufig sagt man deshalb auch, dass diese Unternehmen mehr Substanz aufzuweisen haben. Die erhöhte Substanz erleichtert es ihnen, Krisen zu überstehen, was vor allem im Hinblick auf die jüngsten Wirren an den Finanzmärkten von großer Bedeutung ist.

Ein substanzstarkes Unternehmen, das eine aufgeräumte Bilanz und eine geringe Verschuldungsquote, aber auch eine nachhaltige Dividendenpolitik aufweisen kann, hat in der Regel größere Chancen, gut durch wirtschaftlich schwierige Zeiten zu kommen. Zudem weisen diese Unternehmen sehr gute Wachstumschancen auf, da sie aufgrund ihrer Größe besser in der Lage sind, neue und wachstumsträchtige Märkte zu erschließen.

Gleichzeitig haben die Finanzmarktturbulenzen der letzten Zeit die Suche nach attraktiven Investments deutlich erschwert. In einer solchen Situation ist es für Anleger besonders schwierig, sichere, aber trotzdem renditeträchtige Anlageobjekte zu finden. Oft werden Aktien in wirtschaftlich turbulenten Zeiten als zu riskant angesehen und daher eher gemieden. Dabei kann eine Investition in die sog. Blue Chips nicht nur eine gute Absicherung in schwierigen Konjunkturphasen darstellen, sondern langfristig auch mehr Ertrag bringen als alternative Anlagen. Substanzwerte bieten hohe Ertragschancen, bilden aber auch einen Risikopuffer in Krisenzeiten. Dann können solche Aktien in der Regel mit den nach wie vor gezahlten Dividenden punkten, die rückläufige Aktienkurse teilweise ausgleichen.

Ein weiterer Vorteil für den Anleger ergibt sich bei der Konzentration auf die Big Player dadurch, dass die Fluktuation der Werte im Depot sich auf ein Mindestmaß beschränken lässt. Denn die Big Player in einem Index wechseln nicht ständig, sondern ihre Zusammensetzung bleibt über längere Zeiträume hinweg stabil. Deshalb kann eine solche Strategie gerade für Anleger interessant sein, die sich wenig mit der Börse beschäftigen wollen, zumal sie hilft, Transaktionskosten – Gebühren und

Provisionen für Depotumschichtungen – zu sparen. Sie kommt damit auch einer Buy-and-Hold-Strategie entgegen, bei der eine Depotmischung möglichst lange unverändert bleibt.

Auch die Informationsbeschaffung ist ohne großen Aufwand möglich. Um über aktuelle Entwicklungen auf dem Laufenden zu bleiben, genügt im Prinzip die regelmäßige Lektüre einer Tageszeitung. Zusätzlich lassen sich gerade für große Unternehmen sehr viele Analystenbewertungen finden, die den Anleger auf dem Laufenden halten.

Orderarten für Fortgeschrittene

Die beste Handelsstrategie nutzt wenig, wenn der Anleger nicht in der Lage ist, sie im täglichen Börsengeschäft umzusetzen. Ist er spekulativ orientiert und möchte er auf kurzfristige Veränderungen reagieren können, muss gesichert sein, dass seine Kauf- oder Verkaufsaufträge genau seinen Vorstellungen entsprechend durchgeführt werden. Zu diesem Zweck stehen dem Anleger heutzutage eine Reihe sog. intelligenter Ordertypen zur Verfügung, die weit über die einfachen Market- und Limit-Orders hinausgehen und die konservativeren Anlegern in aller Regel genügen. Im Abschnitt „Orderarten" haben Sie diese bereits kennengelernt. Mithilfe solcher intelligenter Orders kann der Anleger nicht nur präzise seine Vorstellungen umsetzen, sondern häufig auch zusätzliche Gewinne mitnehmen.

Beispielsweise kann ein statisches Stop-Loss-Limit (bei dem die betreffende Aktie verkauft wird, wenn sie ein bestimmtes Kursniveau unterschreitet) aufgrund der ständigen Kursveränderungen an den Börsen schnell überholt sein. In diesem Fall kann der Investor einen sog. Trailing-Stop einsetzen, bei dem das Stop-Loss-Limit kontinuierlich an die Kursentwicklung angepasst wird. Die Nachjustierung geschieht anhand einer relativen prozentualen oder absoluten Marge zum Tageskurs. Steigt der Kurs, steigt auch das Stop-Loss-Limit. Fällt der Kurs unter die gewählte Marge, tritt die Verkaufsorder in Kraft.

Beispiel:

 Ein Aktienbesitzer erteilt bei einem Kurs von 100 EUR eine Trailing-Stop-Order mit einem Abstand von 5 EUR. Steigt die Aktie auf 115 EUR, klettert das Stop-Loss-Limit automatisch auf 110 EUR. Kommt es dann aber zu einer Trendwende und die Aktie fällt unter 110 EUR, wird die Stop-Loss-Order aktiviert und zum unlimitierten Verkaufsauftrag, der zum nächsten Kurs ausgeführt wird.

Diese Ordervariante wird von erfahrenen Anlegern genutzt, um einen Ausstieg aus einem Investment durchzuführen. Man umgeht so die psychologisch schwierige Entscheidung, wann der Verkauf stattfinden soll. Anstatt abzuwägen, ob nicht doch noch ein paar Prozent mehr drin sind oder sich der Kurs nach einem Rückschlag wieder erholt, wird die Position automatisch aufgelöst. In diesem Fall nimmt der Anleger zwar in Kauf, niemals zum Höchstkurs zu verkaufen, doch gelingt dies in der Praxis ohnehin sehr selten.

Information ist (fast) alles

An der Börse werden Erwartungen gehandelt. Doch da niemand in der Lage ist, die Zukunft vorherzusagen, sollte man vor allem als spekulativ ausgerichteter Anleger versuchen, so viele relevante Informationen wie möglich zu sammeln, um eine fundierte Prognose über die zukünftigen Kursverläufe treffen zu können. Bescheidet man sich dagegen mit der konservativen Rolle des Buy-and-Hold-Anlegers, so ist ein Großteil der tagesaktuellen Informationen verzichtbar. Es genügt dann, sich in regelmäßigen Abständen mit seinem Portfolio zu befassen und dieses dann bei Bedarf den veränderten Umständen anzupassen.

Information kann über Erfolg oder Misserfolg eines Investments entscheiden. Da wir uns nicht in einer Welt vollkommener Finanzmärkte und vollständiger Information befinden, in der allen Marktteilnehmern sämtliche Informationen zur Verfügung stehen, gibt es aufseiten der Investoren große Wissensunterschiede. Einen Wissensvorsprung kann man somit in einen echten Vorteil bei der Aktienanlage ummünzen.

Dabei geht es nicht nur darum, möglichst viele Informationen aus den verschiedensten Quellen zu sammeln, sondern auch darum, diese Informationen interpretieren zu können und zu erkennen, wenn ihre Vermittler mit der Herausgabe bestimmten Wissens eigene Interessen verfolgen.

Doch wo erhält man die notwendigen Informationen? Als Quellen können Ihnen dienen:

- Tageszeitungen und Wirtschaftsmagazine,
- Börseninformationsdienste,
- Einschätzungen unabhängiger Marktbeobachter,
- Veröffentlichungen der Unternehmen (Bilanzen usw.),
- persönliche Kontakte und

- insbesondere das Internet. Seriöse Finanzportale und auch Finanzblogs stellen Ihnen als Kleinanleger mittlerweile eine Fülle an Daten und Informationen zur Verfügung und geben Ihnen so das nötige Rüstzeug an die Hand, mit dem Sie Ihre Anlageentscheidungen treffen können. Im Folgenden stelle ich Ihnen ein paar interessante Webseiten vor.

Die wichtigsten Finanzportale

finanzen.net

Der Branchenführer unter Deutschlands Finanzportalen. Neben umfassenden Kursinformationen werden vor allem Nachrichten und Analystenstimmen sowie zahlreiche Instrumente für eigene Analysen bereitgestellt. Über ein Musterdepot kann man zudem seine Aktienfavoriten stets im Auge behalten.

finanznachrichten.de

Das umfassende Newsportal für Börsen- und Unternehmensnachrichten. Hier werden Nachrichten aus fast 400 unterschiedlichen Quellen zusammengetragen und übersichtlich dargestellt. Für eine rasche Nachrichtensuche zu einem bestimmten Titel die ideale Ergänzung zur Google-Suchmaschine.

wallstreet-online.de

Kernstück des Portals ist das aktivste Forum für deutsche Anleger. Hier werden sämtliche Vor- und Nachteile einer Aktie von zahllosen Kommentatoren besprochen. Als Quelle für Anlageideen oder Warnhinweise ist es immer ein paar Klicks wert.

Börsenblogs

Neben den genannten Portalen lohnt auch ein Blick auf die Finanzblogs. Sie bieten für jeden etwas. Es gibt zahlreiche Spezialblogs für Kurzfristtrading, Value-Investing oder Charttechnik sowie einige Mehrthemenblogs. Eine kleine Auswahl stelle ich Ihnen hier vor.

dieboersenblogger.de

Das mit dem comdirect finanzblog award 2011 ausgezeichnete Mehrautorenblog bietet einen Querschnitt durch viele Anlagethemen und -techniken. Neben Aktienbesprechungen findet man auch einen morgendlichen Marktüberblick sowie eine tägliche Presseschau über die wichtigen Themen des Tages.

blicklog.com

Nicht nur Börsenthemen bietet der finanzblog-award-Gewinner 2012. Das Blog beleuchtet auch neue Themen im Finanz- und Bankbereich und veröffentlicht Kommentare zu aktuellen wirtschaftlichen Entwicklungen. Als Ausgangspunkt für eigene Recherchen kann die Mindmap mit mehr als 200 deutschsprachigen Finanzblogs dienen.

blogs.barrons.com/stockstowatchtoday/

Das Blog des US-Anlegermagazins Barron's bietet englischsprachige Nachrichten zu den wichtigsten US-Aktien des

Tages. Wer sich einmal aus Europa heraustraut, findet hier Informationen im Überfluss und zugleich Links zum Weiterlesen.

Börsen-Informationsdienste

Eine weitere sinnvolle Informationsquelle könnten Börsenbriefe bzw. Informationsdienste sein. Die Herausgeber von Börsenbriefen verfügen oftmals über jahrzehntelange Erfahrung im Wertpapierhandel und kennen die von ihrem Börsenbrief behandelten Märkte und Nischen zumeist besser als der einzelne Anleger. Durch ihre persönlichen Beziehungen zu den dort tätigen Unternehmen sowie zu Analysten großer Investmentgesellschaften gelangen sie an Informationen, die dem Privatanleger ansonsten kaum zugänglich wären.

Börsenbriefe werden aber nicht nur von Spezialisten für bestimmte Märkte oder Regionen herausgegeben, sondern oft auch von technischen Analysten mit langjährigem Wissen. Sie stellen die Informationen ihrem Leserkreis meist gegen eine geringe Gebühr zur exklusiven Nutzung zur Verfügung.

Ein Warnhinweis sei an dieser Stelle angebracht: Im Unterschied zu ihren Kollegen in anderen Ländern dürfen in Deutschland tätige Investmentgesellschaften und Analysten Aktien oder Wertpapiere der von ihnen empfohlenen Gesellschaften besitzen – und zwar auch schon *vor* der Herausgabe eines Börsenbriefes. Wer als Investor seine Information aus einem Börsenbrief bezieht, sollte daher immer im Hinterkopf behalten, dass der Autor mit der Bewertung einzelner Wertpapiere womöglich auch im Eigeninteresse handelt. Auf der anderen Seite gibt es besonders im Bereich der Nebenwerte oder wenig beachteten Branchen manchen Börsenbrief, der in mühseliger und wochenlanger Recherche für seine Anleger wahre Perlen ausgräbt und ihnen so den einen oder anderen Kandidaten mit Vervielfachungspotenzial vorstellen kann.

Bevor der Anleger blind den Empfehlungen eines Börsenbriefes vertraut, sollte er sich die Entwicklung der Empfehlungen dieses Briefes in den letzten Jahren oder zumindest Monaten ansehen. Dabei sollte er prüfen (z. B. auf der Internetseite der Deutschen Börse), ob mehrmals nach Herausgabe eines solchen Briefes verdächtige Kursbewegungen oder ungewöhnliche Handelsvolumina der empfohlenen Wertpapiere zu beobachten waren. Dies lässt meist Schlüsse darauf zu, ob ein Börsenbrief nur dazu benutzt wird, die vor Kurzem selbst günstig erworbenen Wertpapiere an seine Leser zu verkaufen, die aufgrund der Empfehlung in diesen Wert einsteigen.

Auf einen Blick: Ihr Einstieg in die Börsenwelt

- Um an der Börse Erfolg zu haben, sollten Sie konsequent sein. Die persönliche Anlagestrategie sollte zu Ihrer Lebenssituation, Ihrem Risikoprofil und Ihrem Anlagehorizont passen.

- Die Investition in Aktien ergibt Sinn, wenn Sie Ihr Kapital nicht von heute auf morgen wieder benötigen und somit auch eine Durststrecke an der Börse aushalten können.

- An den Finanzmärkten haben sich mit der Zeit viele verschiedene Handelsstrategien herausgebildet. Sie alle weisen spezifische Vor- und Nachteile auf. Nehmen Sie sich genügend Zeit für die Suche nach der zu Ihnen passenden Strategie.

- Nutzen Sie die gängigen Informationsquellen. Blogs und Finanzportale sind eine gute Möglichkeit, über Erfahrungen anderer Anleger zu lesen.

Stichwortverzeichnis

Aktien 78
Aktienindizes 19
Aktionäre 33
Anlageformen 77
Anlagestrategie 98
Anlageziel 100
Anleihen 81
Anleihenmarkt 54
Arbeitsmarkt 46
Aufgaben der Börse 6
Außenhandelsdaten 49

Banken 35
Blue-Chips 78
Börsenblogs 121
Börsenbrief 122
Börsencrash 12
Börsengang 30
Börsenkurs 65

DAX 24
Depotkonto 96
Derivate 90
Dow Jones 20

ETF 84
Europäische Zentralbank 57

Finanzportale 120
Fonds 84
Fondsgesellschaft 39
Frankfurter Börse 17

Geschichte 9

Immobilienmarkt 52

Kleinanleger 33

Lehman 14
London Stock Exchange 18

MDAX 25

NASDAQ 21
Nikkei 24
Notenbank 55

Orderarten 71
Orderbuch 66, 72

Ratingagentur 41
Rentenmarkt 54

Schwarzer Freitag 14
Sparplan 89

TecDAX 25
Tokyo Stock Exchange 16

Unternehmen 9, 30

Wall Street 15
Wertpapierbörse 6
Wirtschaftsinstitute 59

Zahlungsbilanz 49
Zentralbank 55
Zertifikate 91

Impressum

Bibliografische Information der Deutschen Nationalbibliothek
Die Deutsche Nationalbibliothek verzeichnet diese Publikation in der Deutschen Natio-
nalbibliografie; detaillierte bibliografische Daten sind im Internet über
http://www.dnb.dnb.de abrufbar.

Print: ISBN: 978-3-648-01795-1   Bestell-Nr.: 00375-0001
ePub: ISBN: 978-3-648-01849-1   Bestell-Nr.: 00375-0100
ePDF: ISBN: 978-3-648-01850-7   Bestell-Nr.: 00375-0150

Christoph A. Scherbaum
So funktioniert die Börse
1. Auflage 2014, Freiburg

© 2014, Haufe-Lexware GmbH & Co. KG, Munzinger Straße 9, 79111 Freiburg
Redaktionsanschrift: Fraunhoferstraße 5, 82152 Planegg/München
Telefon: (089) 895 17-0
Telefax: (089) 895 17-290
Internet: www.haufe.de
E-Mail: online@haufe.de
Redaktion: Jürgen Fischer
Redaktionsassistenz: Christine Rüber

Konzeption und Realisation: Nicole Jähnichen, München
Lektorat: Jan W. Haas, Berlin
Satz: Beltz Bad Langensalza GmbH, 99947 Bad Langensalza
Umschlag: Kienle gestaltet, Stuttgart
Druck: freiburger graphische betriebe, 79108 Freiburg

Der Autor

Christoph A. Scherbaum

ist freier Wirtschaftsjournalist und Politologe. Der ehemalige Chefredakteur eines angesehenen deutschen Finanzportals schreibt heute u. a. für die „Frankfurter Allgemeine Zeitung" sowie für namhafte Wirtschafts- und Börsenverlage im deutschsprachigen Raum. Er unterhält mit weiteren Journalisten ein Netzwerk-Redaktionsbüro und ist zugleich geschäftsführender Gesellschafter der Online-Agentur CASMOS Media, deren Finanzblog „Die Börsenblogger" im Jahr 2011 den finanzblog award gewann.

Weitere Literatur

„So funktioniert die Wirtschaft", von Norbert Häring, 256 Seiten, EUR 8,95,
ISBN 978-3-648-02552-9, Bestell-Nr. 00935

„Geldanlage von A – Z", von Thomas Dommermuth, Michael Hauer und Frank Nobis, 128 Seiten, EUR 6,95,
ISBN 978-3-648-02667-0, Bestell-Nr. 00954

„Sichere Altersvorsorge", von Thomas Dommermuth, Michael Hauer und Frank Nobis, 128 Seiten, EUR 6,95,
ISBN 978-3-648-02426-3, Bestell-Nr. 00928